ELÍ DIEZ

LICHT AM HORIZONT

LEBENSPERSPEKTIVEN FÜR HEUTE UND MORGEN

Redaktionelle Bearbeitung: Friedhelm Klingeberg
Korrektorat: Wolfgang Andersch, Reinhard Thäder
Einbandgestaltung: Studio A Design GmbH, Hamburg
Titelfoto: Studio A Design
Satz: EDP

Die Bibelzitate sind – falls nichts anderes vermerkt – der Luther-Bibel (Revision 1984) entnommen.
Ansonsten bedeutet:

Hfa	=	Hoffnung für alle (Brunnen-Verlag)
EB	=	Elberfelder Bibel (rev.)
GN	=	Die Gute Nachricht (die Bibel im heutigen Deutsch)

6. Auflage 2000

Herstellung: Grindeldruck GmbH, D-20144 Hamburg

ISBN 3-8150-1811-0

Inhalt

Vorwort

In seiner Novelle „Berufstragik" schildert Max Eyth (1836-1906) den beruflichen Erfolg eines jungen Ingenieurs. Er soll eine Brücke bauen, die eine Meeresenge überspannt – eine schwer zu lösende Aufgabe, weil Ebbe und Flut auf die Brücke einwirken.

Der junge Mann baute die riesige Brücke und wurde anläßlich ihrer Einweihung groß gefeiert. Er war ein gemachter Mann. In London errichtete er ein vornehmes Architektur-Büro, heiratete eine reiche Frau und hatte alles, was das Herz begehrt. Doch in seinem Leben gab es ein dunkles Geheimnis, von dem nur seine Frau etwas wußte.

Immer wenn es Herbst wurde, war er verschwunden. Er reiste zu seiner Brücke. Und wenn nachts der Sturm tobte und der Regen peitschte, dann stand er, in einen Regenumhang gehüllt, draußen an der Brücke und hatte Angst. Er spürte förmlich, wie der Sturm auf die Pfeiler der Brücke drückte. Immer wieder rechnete er durch, ob er die Pfeiler auch wirklich stark genug gemacht hatte.

Wenn dann die stürmischen Wochen vorüber waren, reiste er wieder nach London und war wieder der angesehene Mann, der im gesellschaftlichen Leben der Stadt eine bedeutende Rolle spielte. Keiner merkte ihm an, daß er ständig von jener geheimen Furcht geplagt wurde. „Ist die Brücke richtig gebaut? Ist sie wirklich stark genug?" Diese quälenden Fragen waren das dunkle Geheimnis seines Lebens.

Und wieder durchlebt er eine jener schrecklichen Sturmnächte, in denen er angstvoll seine Brücke beobachtet. Er sieht, wie ein Zug auf die Brücke zurast, doch plötzlich sind die roten Schlußlichter im Toben des Sturmes verschwunden. Der Zug ist in die Tiefe, in das tosende Wasser gestürzt. Was er all die Jahre befürchtet hat, ist furchtbare Wirklichkeit geworden: Die Brücke ist in der Mitte zusammengebrochen! (Nach H. Schäfer, Hg., „Mach ein Fenster dran!", S. 180.)

Das Leben gleicht einer Baustelle, und jeder von uns baut an seiner Zukunft und der Zukunft der Menschen, die ihm am Herzen liegen. Und weil wir uns in einer recht turbulenten Etappe der Weltgeschichte befinden, ist es nur allzu verständlich, daß in stillen Stunden Fragen aufkommen: Wird mein Lebenswerk bestehen? Investiere ich vielleicht zu viel in die Zukunft auf Kosten der Gegenwart? Ist das Fundament meines Lebens stark genug, mich auch durch schwere Zeiten zu tragen? Gibt es in meinem Leben, in meiner Partnerschaft, in meiner Familie brüchige Stellen, weil ich mich „verrechnet" und die falschen Baumaterialien benutzt habe? Läßt sich noch etwas korrigieren? Kann ich noch einen neuen Anfang wagen, oder ist es dafür schon zu spät?

Ich kann Ihnen nicht versprechen, daß dieses Buch alle Ihre Fragen beantworten wird, aber eins ist sicher: Sie werden darin denjenigen kennenlernen, der selbst in tiefster Dunkelheit ein Licht am Horizont Ihres Lebens aufgehen lassen kann. Er will Ihnen helfen, die Vergangenheit zu bewältigen, damit Sie die Gegenwart unbelastet meistern und zuversichtlich in die Zukunft schauen können.

Schön, daß ich Sie auf dem Weg durch dieses Kennenlern-Abenteuer begleiten darf!

1. Kapitel

Wird alles besser auf dem Mars?

Ist der Montag auch für Sie ein schwerer Tag? Müssen Sie sich einen Ruck geben, um zur Arbeit oder in die Schule zu gehen? Dann kann ich Sie trösten: Es geht nicht nur Ihnen so. Und an manchem Montag kommt wirklich alles zusammen, was einem so passieren kann. Wie bei Herrn Müller aus Lübtheen.

Herr Müller steht schon um fünf Uhr morgens auf, um rechtzeitig zu seinem Arbeitsplatz nach Hamburg zu fahren. Anfangs machte ihm das frühe Aufstehen nicht so viel aus – er war froh über die neue Stelle. Aber neuerdings macht ihm der Neid auf seinen Nachbarn, Herrn Mayer, zu schaffen. Wenn er früh morgens an Herrn Mayers Haus vorbeifährt, kommt es ihm hoch: Nur weil der Manfred gute Beziehungen hat, darf er hier in der Firma bleiben, obwohl wir beide über die gleichen Qualifikationen verfügen. Er liegt noch gemütlich im Bett, ich muß mich bei Wind und Wetter nach Hamburg quälen. Das ist ungerecht!

In Hamburg angekommen, wartet auf ihn – wie jeden Tag – die leidige Parkplatzsuche. Heute freut er sich, weil er auf Anhieb eine günstig gelegene Parklükke gefunden hat. Gerade will er in die Lücke einbiegen, da kommt in letzter Sekunde einer angefahren und schnappt sie ihm weg. Herr Müller ist sehr korrekt, aber er braucht seine ganze Selbstbeherrschung, um nicht auszusteigen und dem Parkplatzhelden gehörig die Meinung zu sagen. Innerlich kocht er. Er fühlt die Wut im Bauch aufsteigen, sein Kopf wird knallrot, der Blutdruck steigt auf 170. Später ärgert er sich nicht nur über die Frechheit des anderen Autofahrers, sondern auch über sich selbst: Der hat mir den Vormittag gründlich verdorben. Warum kann ich nicht gelassener reagieren?

Während der Frühstückspause erfährt Herr Müller etwas, das ihn zwar ablenkt, aber seinen Stimmungspegel keinesfalls anhebt: Die Frau seines besten Freundes hat Krebs. Dabei ist sie erst 36!

Beim Mittagessen denkt er sich: Wäre es bloß schon Freitag! Eigentlich bin ich urlaubsreif, aber der Urlaub ist noch lange nicht in Sicht. In diesem Augenblick erzählt jemand am Tisch: „Unser Chef macht zum dritten Mal in diesem Jahr Urlaub – in Kanada." Herrn Müller schmeckt das Essen nicht mehr. Ist das eine ungerechte Welt, in der wir leben!

Auf der Heimfahrt tröstet ihn im Stau die Vorfreude auf das gemütliche Abendessen mit der Familie. Daraus wird allerdings nichts: Noch vor der Nachspeise legt der Sohn sein Zwischenzeugnis auf den Tisch. Herr Müller explodiert. Tränen fließen, die Nachspeise bleibt stehen, die Kinder verdrücken sich, Frau Müller murmelt etwas von Nachbarschaftshilfe und verschwindet. Herr Müller bleibt allein – mit einem schlechten Gewissen, weil er ungeduldig war und unbeherrscht reagiert hat. Aber es war einfach zu viel, was sich angestaut hatte.

Ablenkung muß her. Automatisch greift er zur Fernbedienung und schaltet den Fernseher ein. Natürlich läuft nichts Besonders: Sex, Krimi, Volksmusik ... Er zappt zum Nachrichtenprogramm – Neues aus der Wirtschaftswelt: „Der Steuerzahlerbund beziffert die öffentliche Verschwendung auf 70 Milliarden Mark jährlich." So wird mein Geld verschwendet, ärgert sich Herr Müller. „Spendensammler der Oderflut nehmen illegal Zinsen ein." Da wird mein Geld gehortet! „Balkankrieg: Deutschland zahlt 17,5 Milliarden." Es reicht! Er wechselt das Programm.

Woanders läuft ein Dokumentarfilm. „Kriegsbilanz 1996": Nach Angaben der Hamburger „Arbeitsgemeinschaft für Kriegsursachenforschung" sind 1996 weltweit 28 Kriege und 21 bewaffnete Konflikte geführt worden.

Nun ist es aber wirklich genug. Herr Müller schaltet den Fernsehapparat aus und geht ins Bett.

Später, als seine Frau hereinkommt, ist er zu müde, um sich noch anzuhören, wie der Tag bei ihr gelaufen ist. Er muß ja morgen wieder um fünf aufstehen – nur weil der Herr Mayer nebenan bessere Beziehungen hat! Er erzählt ihr nur kurz vom Krebs der Freundin und murmelt: „Ein tolles Leben führen wir! Ist das alles?" Beim Einschlafen denkt er nur noch: Ich bin reif für die Insel!

Nachts träumt Herr Müller – nicht vom Urlaub auf Ibiza, vielleicht übernächstes Jahr, sondern von einem Paradies auf dem Mars. Er träumt von einem roten Planeten ohne Autobahnstaus und ohne Parkplatznot, ohne Chefs und ohne Schulzeugnisse, ohne Krebs und ohne Tränen, ohne Ungerechtigkeit und ohne Kriege.

Weltraum-Pilger

Spätestens seit dem 4. Juli 1997 ist die Welt im Mars-Fieber: Eingepackt in vier mächtige Airbags, landete die Marssonde „Pathfinder" auf dem roten Planeten. Elf Minuten dauerte es, bis die ersten Bilder die Entfernung von 190 Millionen Kilometern bis zur Erde zurückgelegt hatten.

Später verließ das Marsmobil – gesteuert per Joystick von der Erde aus! – über eine Ausstiegsrampe die Sonde, um mit einer Geschwindigkeit von 36 Metern pro Stunde den Mars zu erkunden. Im ersten Monat legte das Fahrzeug ganze 52 Meter zurück. Innerhalb von 24 Stunden gab es 100 Millionen Zugriffe auf die Internet-Seiten der NASA!

Zwar rechnet keiner der beteiligten Wissenschaftler damit, dort höherentwickelte Lebensformen zu finden, aber sie wollen die vermeintliche Entdeckung von Mikrobenresten überprüfen. Und die Marssonde markiert einen Wendepunkt in der Weltraumforschung: Sie wird immer besser, billiger und schneller.

In Zukunft sollen alle 26 Monate jeweils zwei Raumschiffe Richtung Mars starten. Im Jahr 2005 ist dann der Höhepunkt geplant: Eine Sonde wird ohne Treibstoff für den Rückflug losgeschickt. Sie wird zwei Jahre lang auf dem Mars ihren eigenen Brennstoff herstellen und danach mit Gesteinsproben auf die Erde zurückkehren.

Nach einer dpa-Meldung vom 1. Dezember 1997 plant Daniel Goldin, Chef der US-Raumfahrtbehörde NASA, für das Jahr 2010 einen bemannten Mars-Flug. Offen ist nur, ob der Flug direkt zum Mars oder mit einem kleinen Umweg über den Mond erfolgen soll.

Jüngere Erkenntnisse über den Mond und vor allem über mögliche frühe Lebensformen auf dem Mars haben Unternehmen, Raumfahrt-Anhänger und Tüftler aus aller Welt zu einer Vision des 21. Jahrhunderts zusammengeführt. Sie träumen von der Besiedlung des Mondes, des Roten Planeten Mars oder gar des gesamten Sonnensystems.

„Von der ersten Atlantik-Überquerung des Kolumbus bis zur Landung der Pilgerväter in Massachusetts vergingen 128 Jahre", sagte der Präsident des Space Studies Institute, Freeman J. Dyson. „Deshalb vermute ich mal, daß im Jahr 2085, also 128 Jahre nach dem ersten Sputnik, überall in unserem Sonnensystem die Besiedlung durch Weltraum-Pilger beginnt." Das größte Hindernis auf diesem Weg sind zur Zeit nicht die technologischen Anforderungen oder das Geld, sondern die biologischen Voraussetzungen. Wie können Menschen im All überleben und sich dort zu Hause fühlen?

Der Astronaut Wubbo Ockels von der Europäischen Raumfahrt-Behörde ESA führt die Initiative „EuroMoon 2000" an, nach der zunächst Roboter im Auftrag von Regierungen und Industrien den Mond erforschen. Dann soll dort ein Außenposten der Erde errichtet werden. Eine japanische Firma für Ingenieurwesen hat die „Lunar City" mit 10 000 Bewohnern für Mitte des 21. Jahrhunderts entworfen. Und die Artemis Society in den USA sucht 1,4 Milliarden Dollar für eine private Mond-Kolonie. Die NASA allerdings hat weniger den Mond im Visier als vielmehr den Mars. In einem Planspiel wird von der US-Raumfahrtbehörde durchgespielt, daß zwischen 2009 und 2011 erstmals ein Mensch seinen Fuß auf den Roten Planeten setzen könnte.

„Den Mond als Testgelände für Technologie zu nutzen, die wir dann auf dem Mars benötigen, ist ein mögliches Szenario", sagte Joyce Carpenter vom NASA-Kontrollzentrum in Houston (Texas) dem Monatsmagazin „Final Frontier".

„Sobald es für normale Bürger erschwinglich wird, von der Erde auf einen Planeten oder einen Kometen auszuwandern, werden Menschen dies auch tun", sagte Freeman Dyson. „Zwölf Männer waren auf dem Mond. Wann sind Sie soweit?" fragte Präsident Boise Pearson von der US-Artemis Society, die eine Privatkolonie auf dem Erdtrabanten plant.

Wer dieses Vorhaben für möglich hält, der muß schon ein bißchen verrückt sein. Doch die ersten kommerziellen Prototypen der Raumschiffe, die den Planeten Erde und sein Umfeld verlassen sollen, werden im kalifornischen San Bernardino bereits gebaut.

Soweit die dpa-Meldung.

Wird für „Weltraum-Pilger"(!) auf der Mond-, Mars- oder Jupiter-Kolonie alles besser? Werden sich Menschen wie Herr Müller, die den Eindruck haben, „reif für die Insel" zu sein, auf diesen „Außenposten" unseres Planeten „zu Hause" fühlen – nicht nur biologisch, sondern auch seelisch, geistig-geistlich und sozial?

Manches könnte man in solch einer Weltraum-Kolonie vom Anfang an besser und gerechter planen, da man bei Null anfangen würde: gleich groß kartographierte und per Auswahlverfahren ausgeloste Parzellen, großzügig bemessene Autobahnen und Parkplätze, ausreichende und frei zugängliche tropische Parks unter Glas ... Vieles aber bliebe aus einem einfachen Grund so, wie es ist: Der Mensch bliebe der gleiche!

Herr Müller aus Lübtheen wäre auf dem Mars immer noch derselbe Herr Müller. Er würde seinen Neid und seinen Ärger auf die Weltraumpilgerschaft mitnehmen. Auch dort würden Menschen älter werden, krank und schließlich sterben. Warum sollte es auch plötzlich überall gerecht zugehen? Und wieso würde keiner mehr Krieg führen?

Es wäre nicht das erste Mal in der Geschichte, daß Menschen mit den edelsten Absichten und Plänen in eine neue Welt aufgebrochen wären, um ein paar Jahre – spätestens Jahrzehnte – später feststellen zu müssen: Der alte Mensch kann keine neue Welt schaffen.

Der Mensch ist das Problem ...

1996 hat Tony Blair, der „shooting star" nicht nur auf der britischen, sondern auch auf der europäischen Politbühne, das Buch „Meine Vision" (Quell-Verlag) herausgegeben. Darin beschreibt er seine politische Vision für eine grundlegende Erneuerung Großbritanniens und die Rolle seines Landes in der europäischen Politik. Beachtenswert sind seine Worte: „Wenn wir unser Land verändern wollen, müssen wir zeigen, daß wir den Mut haben, uns selbst zu verändern."

Sehr zutreffend, nur ... leichter gesagt als getan!

Immer wenn der Mensch irgendwo eingreift, um ein Problem zu lösen, schafft er neue oder gar größere Probleme. Man denke nur an die Eingriffe in das Ökosystem, in die Tier- und Pflanzenwelt. Wir dürfen „gespannt" sein, was uns die „Errungenschaften" der Gentechnik noch alles bescheren werden.

Selbst wenn er helfen will, versagt er. Weil der Mensch von Natur aus kurzsichtig ist, schafft er – teilweise in bester Absicht – in den Ländern der Dritten Welt Abhängigkeiten, statt Hilfe zur Selbsthilfe zu leisten. Und weil er von Natur aus egoistisch veranlagt ist, sind humanitäre Bemühungen von wirtschaftlichen Interessen durchsetzt.

Man bedenke: Noch muß ein Viertel der Menschheit mit weniger als 1,50 Mark pro Tag auskommen. 1,28 Milliarden Menschen haben kein sauberes Trinkwasser. Noch immer sind 840 Millionen Menschen unterernährt. 12 Millionen Kinder sterben jährlich an Hunger und Elend!

Wie in der Medizin bleibt häufig nur die Wahl zwischen kleineren und größeren Übeln. Und wie in der Medizin reicht es nicht aus, an Symptomen herumzudoktern.

... und das Problem sitzt tief

Das Problem sitzt so tief, daß wir manchmal darüber erschrecken, wozu wir Menschen fähig sind. Wer von uns hat noch nie Schadenfreude verspürt?

Das Experiment, bei dem die Bereitschaft getestet wurde, einem unbekannten Menschen durch immer höher dosierte Stromschläge Schmerzen zuzufügen, ist schon sehr alt. Von einem aktuelleren Beispiel aus unserem Nachbarland Frankreich war vor einigen Monaten in den Medien die Rede, der sogenannten „Bizutage". Damit sind sadistische Riten gemeint, denen die jeweils neuen Jahrgänge der Eliteschulen unterzogen werden.

Beschränkte man sich früher darauf, die neuen Studenten mit rohen Eiern und Flüssigfarben zu „behandeln", so ist diese rituelle Feuerprobe für die Betroffenen in den letzten Jahren zu einem regelrechten Horrorerlebnis geworden, das gegen die Menschenwürde verstößt. Die sadistische Palette reicht von Zwangsstriptease bis zur gewaltsamen Verabreichung von Hundefutter, Kot, Öl und Erbrochenem!

Wir brauchen gar nicht so weit zu gehen, um zu entdecken, daß die menschliche Neigung zum negativen Denken und Handeln sehr tief sitzt. Haben wir nicht oft genug erlebt, daß wir vieles tun, was wir eigentlich nicht tun wollten, während wir das Gute, das wir uns vorgenommen hatten, nicht fertigbrachten?

Jemand, der diesen inneren Kampf aus eigener Erfahrung sehr gut kannte, beschrieb diese Spannung in der Bibel mit folgenden Worten:

Ich will zwar immer wieder Gutes tun und tue doch das Schlechte; ich verabscheue das Böse, aber ich tue es dennoch [...] Ich mache immer wieder dieselbe Erfahrung: Das Gute will ich tun, aber ich tue das Böse. Ich wünsche mir nichts sehnlicher, als Gottes Gesetz zu erfüllen. Dennoch handle ich nach einem anderen Gesetz, das in mir wohnt. Dieser Widerspruch zwischen meiner richtigen Einsicht und meinem falschen Handeln beweist, daß ich ein Gefangener der Sünde bin. Ich stelle also fest: Innerlich stimme ich zwar dem Gesetz Gottes zu, aber in meinen Taten folge ich dem Gesetz der Sünde. Ich unglückseliger Mensch! Wer wird mich jemals aus dieser Gefangenschaft befreien? (Paulus im Römerbrief, Kapitel 7,19-25 Hfa)

Man muß kein Mörder, Sexualverbrecher oder Dieb sein, um diesen inneren Kampf zwischen Wollen und Nichtkönnen zu spüren. Für diese Spannung liefert die Bibel eine einfache Erklärung: Das Problem des Menschen sitzt sehr tief und heißt *Sünde*.

Sünde – was ist denn das?

Im Zusammenhang mit dem Begriff Sünde existieren einige Mißverständnisse. Da sagt jemand, er habe heute „gesündigt", und meint damit, daß er trotz strikter Diätvorschriften ein Stück Sahnetorte gegessen hat. Andere denken bei *Sünde* an kriminelle Delikte wie Diebstahl, sexuellen Mißbrauch, Mord, also an etwas, das man nicht ungeschehen machen kann.

Verkehrte Handlungen kann man allenfalls als *Sünden* bezeichnen. Sie sind die sichtbare Seite der Medaille, sozusagen die sichtbaren und spürbaren Folgen eines inneren Zustands, vergleichbar mit den Symptomen einer Krankheit. Die Krankheit selbst aber, die Ursache dieser Handlungen, ist die *Sünde*. Sünde ist also keine Tat, sondern ein Zustand!

Nehmen wir zum Vergleich ein Beispiel aus der Weltraumfahrt: Was würde geschehen, wenn die Weltraumstation MIR jegliche Funkverbindung zum Kontrollzentrum verlieren würde? Sie wäre auf sich allein gestellt, nicht ansprechbar für Hilfe und Orientierungshinweise aus der Bodenstation. Das Andocken an ein Versorgungsraumschiff wäre ohne Funkverbindung ein riskantes Manöver. Der lebensnotwendige Nachschub müßte wegen fehlender Kommunikation ausbleiben. Am Ende würde die Weltraumstation im All umherirren. Ihre Besatzung würde sterben, das manövrierunfähige Objekt wäre eine Gefahr für die Raumfahrt ...

Soweit die Folgen. Die Ursache aber wäre die abgebrochene Funkverbindung. Mit *Sünde* ist die abgebrochene Verbindung zur Heimatbasis des Menschen, zu seinem Schöpfergott, gemeint. Die *Sünden* sind die Folgen davon, daß wir diese Verbindung und damit die Orientierung verloren haben und darum auf uns allein gestellt sind.

Wie die umherirrende Weltraumstation MIR unberechenbar wäre und allerhand Schaden anrichten würde, so wird auch der Mensch gefährlich, wenn er die Orientierung verliert und auf sich allein gestellt bleibt.

Die Ursachen dafür, nämlich die *Sünde* des Menschen, sitzt tief: im „Zentralcomputer" des Herzens. Jesus hat es so beschrieben:

Was aus dem Inneren des Menschen kommt, seine Gedanken, Worte und Taten, die lassen ihn unrein werden. Denn aus dem Inneren, aus dem Herzen der Menschen, kommen all die bösen Gedanken wie: Unzucht, Diebstahl, Mord, Ehebruch, Habsucht, Bosheit, Betrügerei, Begehrlichkeit, Neid, Verleumdung, Überheblichkeit und Leichtsinn. Dies kommt von innen heraus, und das ist es auch, was die Menschen von Gott trennt. (Markus 7,20-23 Hfa)

Dieses Wort enthält eine vierfache Aussage bezüglich des menschlichen Grundproblems, unter dem wir alle zu leiden haben:

1. Was wir wahrnehmen – Mord, Diebstahl, Betrug usw. –, das sind die Folgen (Sünden), die Auswirkungen davon, daß wir die Orientierung, den Kontakt zu unserem Schöpfer, verloren haben (Sünde).

2. Die Ursache dafür (Sünde) sitzt sehr tief, nämlich im Innern des Menschen, das die Bibel mit dem Begriff „Herz" bezeichnet.

3. Wir „sündigen" schon, bevor wir überhaupt etwas getan haben, nämlich im Fühlen und im Denken: Dem Diebstahl geht die Habsucht voraus, dem Ehebruch das Begehren. Das heißt, Ehebruch beginnt im Herzen und im Kopf (vgl. Matthäus 5,28).

4. Sünde trennt von Gott; Sünde ist Trennung von Gott.

Das ist die „schlechte“ Nachricht der Bibel: Das Grundproblem sitzt tief im Menschen und heißt Sünde. Es geht also nicht zuerst darum, was der Mensch tut, sondern darum, wie er denkt und fühlt.

Aber die Bibel bleibt nicht bei dieser „schlechten“ Nachricht stehen, sondern teilt uns auch eine gute Nachricht mit:

Das Problem ist lösbar

Das Problem *Sünde* ist nicht durch menschliche „Fassadenkosmetik“ – also durch ein Kurieren an Symptomen – lösbar.

Hat nicht fast jeder Mensch schon versucht, *Sünden,* also negative Handlungen oder Gewohnheiten, abzustellen oder abzulegen? Eine Zeit lang habe ich versucht, per Checkliste einen Charakterfehler nach dem anderen zu überwinden. Das Ganze wurde sehr bald zu einem Krampf!

Manches ist sicher machbar. Wir können unserer Hand beim Gang durch den Supermarkt „befehlen“, das Produkt in den Einkaufswagen oder zurück ins Regal zu legen und nicht in die Tasche zu stecken. Aber wie ist es mit unseren Motiven und Gefühlen? Schaffen Sie es, durch einen guten Vorsatz plötzlich Liebe für einen „unmöglichen“ Menschen zu empfinden? Können Sie Ihrem Herzen „befehlen“, den Nachbarn zu lieben, der Sie oder Ihre Kinder regelmäßig schikaniert?

Selbst wenn wir uns in Krisen fest vornehmen: „Das muß anders werden!“, werden wir schnell wieder rückfällig, vergessen, bleiben die alten.

Gerade höre ich in den Nachrichten, daß Rolf Diesterweg, der Mörder der zehn Jahre alten Kim Kerkow, zu lebenslanger Haft verurteilt worden ist. Durch diese

Strafe soll der Angeklagte gleichzeitig für die sexuellen Übergriffe und Körperverletzungen büßen, die er 1991 und 1995 an zwei 11- und 13jährigen Jungen begangen hat. Eine vom Verteidiger beantragte Einweisung des 34jährigen in die Psychiatrie lehnte das Gericht ab. Wegen der besonderen Gefährlichkeit Diesterwegs für die Allgemeinheit sei der Strafvollzug der richtige Ort für eine Therapie, sagte der Vorsitzende Richter.

Wir stecken Verbrecher in Strafanstalten. Der „Sünder" wird aus dem Verkehr gezogen, die Tat wird gesühnt – aber wird dadurch auch das Grundproblem beseitigt? Sexualstraftäter werden psychiatrisch behandelt. Sind sie aber anschließend tatsächlich geheilt? Das Grundproblem des Menschen ist nicht ein genetisches, erzieherisches oder biologisches Problem, sondern ein ethisches. Darum kann es nicht durch Medikamente oder Strafmaßnahmen gelöst werden, sondern allein durch die göttliche „Wurzelbehandlung".

Gott packt das Problem an der Wurzel, indem er das Fühlen und Denken erneuert. Gott verändert nicht die Umstände, er verschönert nicht die Fassade, sondern er verändert den Menschen. Die Frage ist nur, ob wir das überhaupt wollen!

Da ist ein Unternehmer, der durch christliche Bekannte die Bibel kennenlernt. Was er darin liest, verträgt sich nicht mit seinen unehrlichen Geschäftspraktiken. Soll er weitermachen wie bisher oder soll er sich von Gott verändern lassen? Er schreibt:

„Ich habe Tabletten genommen, wenn sich mein Gewissen meldete ... Wissen Sie, was mich eigentlich so unsicher macht? Es ist das Verhalten dieser Leute [Christen]. Sie sind nicht nachtragend, sie machen mir keine Vorwürfe, sie sagen nur, daß ich ihnen leid tue. Ich weiß zwar nicht, warum. Dabei bin ich doch derjenige, der alles hat. Sie sind doch so einfach und im

Vergleich zu mir ganz arm ... Stellen Sie sich vor, diese Leute sind nicht mal neidisch auf das, was ich habe, das schöne Geld, das feine Haus ...

Was würde meine Frau [sie gibt bei uns den Ton an] antworten, wenn ich sagen würde, ich möchte mein Leben ändern? Was würde meine Mutter, was würden meine Kinder sagen? ... Im Betrieb gebe ich dann weiter, was ich zu Hause empfange. Die wissen ja nichts von meiner inneren Verfassung und wie es mir zu Hause ergeht ... Manchmal denke ich auch: Wir sind alle Pakete, die im Postauto herumliegen, verpackt, verschnürt, neben- und übereinander, im gleichen Wagen, mit dem gleichen Ziel, und keiner weiß, was im anderen steckt."

In einem anderen Brief schreibt er: „Ob ich wohl schon zu alt bin, mich zu ändern?"

Zu alt, um sich ändern zu lassen?

In der Bibel hat Gott diese Frage längst beantwortet: Kein Mensch ist zu alt, als daß Gott ihn nicht ändern könnte. Neu beginnen zu können ist keine Frage des Alters, sondern der Ehrlichkeit. Wer sich selbst eingestehen kann: Ich kann aus eigener Kraft mein Herz, mein Denken und Fühlen, nicht verändern, erfüllt die wichtigste, ja eigentlich die einzige Voraussetzung dafür, daß Gott ihn ändern kann.

Falls Sie sich nun fragen, was andere wohl dazu sagen würden, wenn Sie die Entscheidung treffen, die „Funkverbindung" zu Gott wieder aufzunehmen, dann möchte ich Ihnen Mut zur Ehrlichkeit machen. Sie haben nichts zu verlieren, wenn Sie Gott die Chance geben, Sie von Grund auf zu verändern. Im Gegenteil: Die heute skeptisch reagieren, werden später davon profitieren, Sie möglicherweise beneiden und vielleicht selber nachdenklich werden.

Wir sind keine verschnürten Postpakete auf dem Weg nach nirgendwo, sondern Gott hat für jeden Menschen ein Ziel, für das sich zu leben lohnt. Er kennt unseren „Inhalt": unseren Kummer, unsere Schwächen, unsere Belastungen, unsere Träume und Sehnsüchte. Und weil er uns so gut kennt, liebt er uns. Sobald wir seiner Liebe Raum geben, fängt diese Liebe an, uns von innen nach außen zu verändern.

Ich denke an eine Begebenheit, die Anton Schulte, ein älterer bekannter Evangelist, erzählt:

Mitten in einem modernen Stadtviertel stand ein altes, baufälliges Häuschen. Ein Geschäftsmann klopfte an der Tür und fragte den Besitzer, einen älteren, etwas eigensinnigen Mann: „Ich möchte Ihr Haus kaufen. Was verlangen Sie dafür?" Der alte Mann lächelte und antwortete: „Ich verkaufe nicht!"

Der Geschäftsmann bot ihm daraufhin eine so hohe Summe, daß dem alten Mann die Luft wegblieb, doch wieder antwortete dieser: „Ich verkaufe nicht!"

Einige Tage später versuchte es der Makler erneut, bot die doppelte Summe, so daß der alte Mann schließlich nicht widerstehen konnte. Als kurz darauf der Käufer zur Ausfertigung des Kaufvertrags erschien, fragte ihn der alte Mann strahlend: „Na, wie gefällt es Ihnen jetzt?"

„Was meinen Sie? Was soll mir gefallen?"

„Nun, das Haus! Haben Sie nicht gemerkt, daß ich die Fenster gestrichen und die Tür ausgebessert habe?"

„Ach, guter Mann, ich wollte doch Ihr Haus nicht renovieren", entgegnete der Makler. „Ich will hier ein ganz neues Haus bauen, eins mit großen, hellen Fenstern und vielen Stockwerken. Hier wird etwas ganz Neues entstehen."

Das meinte ich mit „Fassadenkosmetik". Sie brauchen nicht erst Ihr Leben auszubessern, um es dann

Gott anzuvertrauen. Er kann und will Großes, Neues daraus machen. Die Mühe können Sie sich also sparen. Verlieren Sie lieber keine Zeit, sondern bitten Sie Gott darum, daß er Sie durch seine Liebe verändert, und zwar von innen nach außen, denn Gott leistet immer ganze Arbeit.

Jesus heilt den ganzen Menschen

Lesen wir das bereits angeführte Zitat von Paulus zu Ende: *Dieser Widerspruch zwischen meiner richtigen Einsicht und meinem falschen Handeln beweist, daß ich ein Gefangener der Sünde bin ... Ich unglückseliger Mensch! Wer wird mich jemals aus dieser Gefangenschaft befreien? Gott sei Dank! Durch unseren Herrn Jesus Christus sind wir bereits befreit.* (Römer 7,24.25)

Jesus Christus hat die abgebrochene „Funkverbindung" zum Menschen wiederhergestellt. Von Gott aus kann jeder Mensch sofort ein neues Leben beginnen – nicht erst eines Tages auf dem Mars (oder im Himmel oder wo auch immer), sondern schon hier und jetzt und heute.

Als Jesus auf der Erde lebte, nahmen viele sein diesbezügliches Angebot an. Seitdem haben es Millionen von Menschen ebenfalls erfahren: Jesus heilt den Menschen ganz – an Körper, Geist und Gemüt. In den Evangelien wird eine ergreifende Begebenheit berichtet:

Nach einigen Tagen kehrte Jesus nach Kapernaum zurück. Es sprach sich schnell herum, daß er wieder zu Hause war. Viele Menschen strömten zusammen, so daß nicht einmal mehr vor der Tür noch Platz war. Ihnen allen verkündete Jesus die Heilsbotschaft. Da kamen vier Männer, die einen Gelähmten trugen. Weil sie wegen der vielen Menschen nicht bis zu Jesus kommen konnten, deckten sie über ihm das Dach ab. Durch diese Öffnung ließen sie den Gelähmten auf seiner Trage hinunter.

Als Jesus sah, wie fest sie darauf vertrauten, daß er ihrem Freund helfen würde, sagte er zu dem Gelähmten: „Mein Sohn, deine Sünden sind dir vergeben!" Aber einige der anwesenden Schriftgelehrten dachten: „Das ist Gotteslästerung! Was bildet der sich ein! Nur Gott allein kann Sünden vergeben."

Jesus durchschaute sie und fragte: „Wie könnt ihr nur so etwas denken! Ist es leichter zu sagen: ‚Dir sind deine Sünden vergeben' oder diesen Gelähmten zu heilen? Ich will euch beweisen, daß der Menschensohn die Macht hat, schon jetzt Sünden zu vergeben."

Und er forderte den Gelähmten auf: „Steh auf, nimm dein Bett und geh nach Hause! Du bist gesund!" Der Mann stand auf, nahm seine Trage und ging hinaus. Fassungslos sahen ihm die Menschen nach und riefen begeistert: „Noch nie haben wir so etwas erlebt!" (Markus 2,1-12)

Ob ich wohl enttäuscht gewesen wäre, „nur" Vergebung zu erhalten? Der Mann suchte doch Heilung! Das auf jeden Fall, aber die Frage bleibt offen, wonach er sich stärker sehnte – nach Heilung seines Körpers oder Heilung seiner Seele?

Ich kenne die Vorgeschichte dieses Mannes nicht, aber eins weiß ich: Jesus gab den Menschen immer das, wonach sie sich – bewußt oder unbewußt – am meisten sehnten, was sie am nötigsten hatten. Darum nehme ich an, daß die schwerste Last dieses Mannes seelischer Art war. Er litt am intensivsten unter der Trennung von Gott, also unter der *Sünde*.

Die Menschen der damaligen Zeit waren im Umgang mit Kranken ziemlich lieblos. War jemand schwer krank, dann mußte er ihrer Meinung nach schwer gesündigt haben. Krankheit betrachteten sie nicht als Folge der Sünde, sondern als Strafe für die Sünde.

Wahrscheinlich wünschte sich dieser Kranke mehr als alles andere, von diesem Fluch befreit zu werden und nicht mehr als „Sünder" abgestempelt zu sein. Erst in zweiter Linie wollte er gern wieder laufen können. Jesus schenkte ihm beides: Zuerst befreite er ihn von seiner inneren Not, dann aber machte er den Gelähmten auch körperlich gesund, denn die Heilung der Seele konnte ja niemand sehen, nur der Kranke selbst konnte sie spüren. Indem Jesus seinen Körper heilte, machte er allen Anwesenden klar, daß er beides konnte.

Ein Arzt kann uns zur körperlichen Gesundheit verhelfen – von der Belastung der Sünde kann uns nur Gott befreien.

Das Wunder, das Jesus hier vollbracht hat, zeigt mir:

- Gott weiß, wonach wir – Sie und ich – uns sehnen. Er kennt unsere Wünsche und auch unsere Grenzen. Er weiß, daß wir heil werden wollen – am ganzen Menschen. Weil er als unser Schöpfer zugleich unser bester Arzt für Leib und Seele ist, können wir ihm voll und ganz vertrauen.
- Gott verändert von innen nach außen, und somit gründlich und dauerhaft. Er macht keine halben Sachen. Was er beginnt, das führt er auch zu Ende.
- Gott fängt beim einzelnen an. Was hat Tony Blair in seinem Buch geschrieben? „Wenn wir unser Land verändern wollen, müssen wir zeigen, daß wir den Mut haben, uns selbst zu verändern." Ich möchte es so formulieren: Um unsere Welt zu verändern, müssen wir zuerst uns selbst *von Gott* verändern lassen!

Wird alles besser auf dem Mars?

Auf dem Mars würde nichts besser, bliebe der Mensch der alte. Auf der Erde kann schon jetzt vieles besser werden, denn Menschen, die sich von Gott gebrauchen lassen, verändern ihre Umgebung.

Ich denke zum Beispiel daran, wie Mutter Teresa gelebt und was ihr Beispiel ausgelöst hat. Wenn sich Herr Müller aus Lübtheen durch Gott von seinem Neid heilen und geduldiger machen läßt, dann wird sich das auch an seinem Arbeitsplatz und in seinem Zuhause auswirken. Andere Dinge bleiben: Ungerechtigkeit, Krankheit, Kriege ... aber nicht für immer; denn Gott wird eines Tages alles neu machen. Wir kommen noch darauf zurück.

Wir sind nicht reif für die Insel oder für den Planeten Mars, sondern für die Ewigkeit! Was wir aber heute und hier brauchen, das ist die Ehrlichkeit und der Mut, uns von Gott verändern zu lassen. Um beides können wir Gott bitten, denn er will, daß unser Leben gelingt – nicht erst irgendwann in der Zukunft, sondern schon heute.

◆

Buchempfehlung

Gero Dworzak, „Liebe auf den zweiten Blick", Advent-Verlag, Lüneburg.

Meist machen wir uns über die Funktionsweise technischer Geräte keine Gedanken. Hauptsache, sie erfüllen ihren Zweck. Könnte es sein, daß wir auf wichtige Einsichten verzichten, weil uns vieles so selbstverständlich geworden ist? Der Autor, Diplomphysiker, zeigt an Beispielen aus Wissenschaft und Technik, daß bestimmte Gesetzmäßigkeiten nicht zufällig existieren. Er wertet viele der in der Natur vorkommenden Konstruktionsmerkmale als Zeichen dafür, daß es einen Schöpfer geben muß. Für ihn bezeugt das So-Sein der Welt das Da-Sein Gottes. Interessant ist, welche Schlußfolgerungen der Autor aus den Naturgesetzmäßigkeiten für das persönliche Leben des Menschen zieht.

2. Kapitel

Glück fängt zu Hause an

Was wird aus unseren Kindern? Diese Frage darf nicht nur Eltern und Lehrer beschäftigen: Unsere Kinder sind unsere Zukunft! Wer nach Lebensperspektiven sucht, den dürfen die Entwicklungen nicht gleichgültig lassen, denen junge Menschen heutzutage ausgesetzt sind. Und wie so häufig darf der Blick auf das, was sich auf der anderen Seite des Atlantiks abspielt, auch diesbezüglich nicht fehlen, denn in immer kürzeren Abständen schwappen die aktuellen Trends von Nordamerika nach Europa herüber.

Womit wir in den nächsten Jahren vermutlich auch bei uns rechnen müssen, darüber gibt ein dpa-Kommentar vom 28. November 1997 („Sex, Drogen und Pop-Musik" von Hanns-Jochen Kaffsack) Auskunft:

Sorgfältig bereitet sich die elfjährige Debra McCormick auf den Schultag vor: Lippenstift, Wimperntusche, Rouge und Lidschatten wollen wirkungsvoll aufgetragen sein. Ein letzter Blick in den Badezimmerspiegel, und dann ab zum Bus. Weil die Eltern dagegen sind, hat ihre Freundin die Schminkausrüstung in der Schultasche. Das hat die Fünftklässlerin vor Jahren auch so gemacht. Heute nicht mehr. Debra McCormick schwimmt im Strom jener immer frühreiferen US-Kinder.

Alarmierte Eltern und Lehrer sehen bereits beunruhigende Trends, wenn sie über ihre Kinder und die ihrer Nachbarn und Freunde sprechen. Daß die US-Kosmetik-Industrie einen Verkaufsboom bei Kundinnen meldet, die noch nicht einmal zehn Jahre alt sind, scheint dabei noch das geringste Kopfzerbrechen zu bereiten. Weitaus früher werden manche Jungen und Mädchen sexuell aktiv, und das geht weit über „Doktorspiele" hinaus. „Das sexuelle Erwachen findet heute immer früher statt", berichtet ein Kinderpsychologe. Die Flut von sexuell gefärbten Bildern und Szenen in Film und TV lädt offensichtlich zum Ausprobieren ein. „Ich zähle schon gar nicht mehr die zwölfjährigen Mädchen, die sagen, daß sie Sex haben", berichtet Ronald Federici, ein Professor für kindliche Entwicklung in Virginia.

Ein beliebtes Spiel frühreifer Teens heißt „Freaky Friday". „Dabei müssen die Jungen die Mädchen fangen und dürfen dann mit ihnen machen, was sie wollen", erläutert ein Mädchen. In einer Grundschule(!) wurden Jungen und Mädchen am „Freaky Friday" mit heruntergelassenen Hosen angetroffen, entrüstete sich die „Washington Post".

Auch Drogen und Medikamente sind unter den Schülern im Vormarsch. Steil angestiegen ist der Konsum von Antidepressiva bei Kindern und Jugendlichen. Nach neuesten Erkenntnissen schluckten im Jahr 1996 schon 600.000 Kinder die drei gängigsten Mittel gegen Depression. Um fast 50 Prozent hat im selben Jahr auch die Zahl der Teenager zugenommen, denen das besonders populäre Prozac verschrieben wurde. Nahezu vier Millionen amerikanische Kinder sind nach Schätzungen depressiv. Wenn sie schon so früh mit Medikamenten „stabilisiert" würden, könnten sie kaum lernen, mit dem Auf und Ab des Lebens umzugehen, warnen Kritiker.

Manche Fachleute machen die Millionen „vaterlosen Familien" für diese besorgniserregenden Trends mitverantwortlich. Sie finden es auffallend, daß etliche

„Techno-Kids" auf beinah alles verzichten können, nicht aber auf Computer und TV. Die Atmosphäre der Welt, in der diese junge Generation aufwächst, schlägt sich auch in ihrer Musik nieder – einem weiteren Milliarden-Dollar-Markt. In einer „epochalen Wende" haben sie die Entwicklung der Pop-Musik in die Hand genommen, analysierte die „New York Times".

Der nach 1982 geborenen „Generation Y" (nach dem versorgungsbedürftigen japanischen Spielzeugwesen auch Tamagotchi-Generation genannt) sei beigebracht worden, „gute Bürger zu sein und nicht allzuviel über die Dinge nachzudenken", sagt der Teenager-Kenner und Buchautor Neil Howe. Mit Politik haben sie kaum etwas am Hut. Etliche richten sich offenbar viel lieber in einer Kultur aus „Sex, Drogen und Pop-Musik" ein.

So weit der dpa-Kommentar.

Familie in Gefahr?

So wichtig die Rolle der Schule und der Freunde für unsere Kinder auch ist: Die Weichen für ihr Glück – und leider manchmal auch für ihr Unglück! – werden nicht in der Schule, sondern zu Hause gestellt.

Ein harmonisches Familienleben wirkt sich vorbeugend aus: Leid wird aufgearbeitet, Urvertrauen kann entstehen und wachsen. Dadurch werden unsere Kinder mit seelischen Kraftreserven für ihr späteres Leben versorgt.

Allerdings ist auch die Familie, konkret die Ehe, nicht erst seit heute zerstörenden Angriffen ausgesetzt. Nach der Zeitung DIE WELT vom 1. Oktober 1997 haben die Scheidungsziffern in den EU-Ländern neue Rekordhöhen erreicht:

- fast ein Drittel aller Ehen scheitert;
- in Belgien und Schweden enden mehr als die Hälfte aller Ehen vor dem Scheidungsrichter;

- die durchschnittliche Dauer der in jüngerer Zeit geschlossenen Ehen liegt bei gerade einmal vier Jahren!

Eine der Ursachen, wenn nicht die Hauptwurzel für die Zerstörung unserer Ehen und Familien, ist die mangelhafte oder gar fehlende Kommunikation. „Glück fängt zu Hause an" bedeutet: Wenn es uns gelingt, in der Familie die Weichen für eine gute Kommunikation zu stellen, haben wir einen entscheidenden Beitrag zum Gelingen des späteren Lebens unserer Kinder geleistet.

Eine gut funktionierende Kommunikation muß ein Leben lang eingeübt werden. Darum sind die – überwiegend praxisbezogenen – Gedanken dieses Kapitels nicht allein für Eltern mit Kindern hilfreich, sondern für jedermann. Sie stehen unter dem Motto „Fünfzehn Worte, die in unserem Leben Wunder wirken können".

Fünf Worte, die Wunder wirken: ICH BIN STOLZ AUF DICH!

Auf einem Aufkleber las ich den Spruch: „Haben Sie Ihr Kind heute schon gelobt?" Man könnte statt Kind auch Partner, Arbeitskollegen oder Angestellten einsetzen.

- Wann haben Sie diese Worte zum letzten Mal gehört?
- Wie haben diese fünf Worte auf Sie gewirkt?
- Wie haben Sie darauf reagiert?

Ich habe die Beobachtung gemacht, daß uns Kritik sehr leicht über die Lippen geht, während wir mit Lob sehr sparsam – genauer gesagt: geizig – umgehen. Sind wir Riesen im Kritisieren geworden und im Loben Liliputaner geblieben? Kein Wunder, daß es uns schwerfällt, mit Lob umzugehen.

Es ist uns peinlich, wenn wir ein Kompliment über ein schickes Kleid hören; gleich werten wir es ab: „Ach, nicht der Rede wert, hängt doch schon seit zehn Jahren bei mir im Schrank!" Oder wir unterstellen dem anderen sofort, daß er etwas von uns will und sein Lob nur ein Trick ist. Oder wir warten auf das „Aber", weil wir Lob oft als diplomatische Einleitung für Kritik erleben.

Dabei könnten wir einander in der Familie und in der Schule, in der Kirche und am Arbeitsplatz das Leben leichter und sonniger machen, wenn wir öfter mal ein aufrichtiges Lob aussprächen und dem andern zeigten, daß wir ihn schätzen!

Mark Twain sagte von sich: „Zwei Monate lang kann ich von einem einzigen anerkennenden Wort leben." Und die Quintessenz des Bestsellers „Wie man Freunde gewinnt" von Dale Carnegie läßt sich auf die Formel bringen: „Seien Sie aufrichtig mit Ihrem Beifall und verschwenderisch mit Ihrem Lob."

In der 2. Klasse einer Grundschule wurde folgendes psychologisches Experiment durchgeführt:

Die Lehrerin beklagte sich darüber, daß die Kinder zu häufig während des Unterrichts von ihren Plätzen aufstanden und im Klassenzimmer herumtobten. Zwei Psychologen saßen daraufhin mehrere Tage im Hintergrund und notierten alle zehn Sekunden, wie viele Kinder „unterwegs" waren. Das Ergebnis: 360 Bewegungen innerhalb von 20 Minuten. In diesem Zeitraum rief die Lehrerin den Kindern siebenmal „Setzt euch!".

Nun wurde die Lehrerin gebeten, eine Woche lang häufiger „Setzt euch!" zu rufen. Sie brachte es auf 27 Mal in 20 Minuten. Die Zahl der Kinderbewegungen wuchs dabei um 50 Prozent auf 540. Hielt sie sich nach einer Woche wieder etwas zurück, kehrten die alten, niedrigeren Werte wieder.

In der vierten Woche sollte sie die Kinder nicht mehr ermahnen, sondern jene loben, die ruhig auf ihren Plätzen sitzen blieben und mitarbeiteten. Das Herumlaufen der Kinder verminderte sich um 33 Prozent!

Die Erklärung dafür ist einfach: Kinder neigen zu dem Verhalten, das ihnen die Aufmerksamkeit der Erwachsenen verschafft, selbst wenn es negative Aufmerksamkeit ist. Wir lernen daraus: Eltern, die ihre Kinder hart strafen, wenn sie sich prügeln, sich aber nicht dazu äußern, wenn sie friedlich spielen, weil sie das für überflüssig halten, machen sich selbst und ihren Kindern das Leben unnötig schwer.

Ist Lob und Anerkennung nur für Kinder gut? Ist es gerecht, ein Essen zu kritisieren, das versalzen oder angebrannt schmeckt, aber sonst nie zu loben, wenn das Essen gut gelungen und schmackhaft ist? Davon können Hausfrauen und Mütter ein Klagelied singen. Sie fühlen sich weniger von der vielen Arbeit belastet als vielmehr von der fehlenden Anerkennung!

„Wie wenig braucht es oft, einen müden und entmutigten Menschen aufzurichten! Ein verdientes Wort der Anerkennung strahlt Wärme aus und weckt das Verlangen, auch weiterhin sein Bestes zu tun. (Gustav Tobler, „Lebenswerter leben", Bd. 2, S. 108ff)

Mit den Worten „Ich bin stolz auf dich!" ist mehr gemeint als „nur" Lob. Wir bauen damit das Selbstwertgefühl des andern auf und zeigen, daß wir ihn annehmen. Dann fällt es leichter, Tadel zu verkraften und auch mit den schwierigen Situationen des Lebens fertig zu werden, ohne zu verbittern. (Siehe Buchempfehlung am Ende des Kapitels.)

Allerdings kann nur derjenige aufrichtig loben und Anerkennung spenden, der sich selbst angenommen hat. Jeder Mensch sucht – bewußt oder unbewußt – Antwort auf die Frage: Woher bekomme ich die Kraft, mich selbst anzunehmen? Wer sagt mir, wieviel ich wert bin? An welchem Maßstab wird mein Wert gemessen? Diesen Fragen widmen wir uns im dritten Kapitel.

Noch ein Spruch zur Kunst des Lobens: „Solange jemand noch bewundern und lieben kann, bleibt er jung.“ (Pablo Casals) Man beachte: Meckern – über andere und über sich selbst – macht alt!

Vier Worte, die Wunder wirken: WIE DENKST DU DARÜBER?

Wie empfinden Sie, wenn Sie nach Ihrer Meinung gefragt werden, oder wenn jemand um Ihren Rat bittet? Das tut gut, nicht wahr?

Können Sie sich vorstellen, wie jemand empfinden mag, der nie nach seiner Meinung gefragt wird? Muß er sich nicht wie auf das Abstellgleis geschoben fühlen?

Wie ist das mit den Menschen, die uns am nächsten stehen? Wissen Sie, was sie bewegt und wie sie denken? Ich meine nicht über das Wetter, sondern über die wirklichen Fragen des Lebens. Worüber reden wir mit unserem Partner, mit unseren Kindern? Halten wir uns an der Oberfläche auf? Beziehen wir unsere Kinder bei wichtigen Entscheidungen mit ein? Ist uns wichtig, was sie denken?

Es ist ein Phänomen unserer Mediengesellschaft: Wir wissen mehr darüber, wie Prominente aus Politik und Sport über viele Fragen denken, als über die Ansichten derer, die uns am nächsten stehen. Dabei sehen wir häufig dieselben Fernsehsendungen, lesen dieselben Zeitungsartikel, versäumen es aber, hinterher miteinander darüber zu reden – schade!

Dabei muß ich mich fragen: Interessiert es mich überhaupt, wie andere denken? Oder ist es mir gleich? Habe ich eine offene Suchhaltung?

Eine offene Suchhaltung verrät, wer lernwillig und lernfähig ist und weiß, daß er mit seiner Suche noch nicht am Ende ist, weil er den Stein der Weisen nicht gepachtet hat. Ich schätze, Sie haben diese offene

Suchhaltung, sonst hätten Sie dieses Buch schon zur Seite gelegt. Und ich hoffe, diese Offenheit und dieses Interesse für das Denken derer, die Ihnen nahe stehen, prägt auch Ihr Ehe- und Familienleben.

Eine offene Suchhaltung verrät auch, wer sich für Fragen des Glaubens interessiert, auch wenn manche Zeitgenossen den Glauben für überholt, altmodisch oder irrelevant halten. Allerdings sind hier Anzeichen für ein Umdenken zu erkennen. In den letzten Jahren wurde in Büchern und sonstigen Medien viel intensiver über Fragen des Glaubens diskutiert als in den Jahrzehnten davor.

In einer US-Umfrage („USA Today", zit. im FOCUS-Magazin 29/97) wurde untersucht, welche Faktoren, abgesehen von den Eltern, Erwachsene für das ideale Aufwachsen eines Kindes als besonders wichtig empfinden. An erster Stelle rangierte der Glaube (30 Prozent der männlichen, 41 Prozent der weiblichen Befragten), erst dann folgten gute Schulen (25 Prozent bzw. 19 Prozent), der Umgang mit den richtigen Freunden (24 Prozent bzw. 18 Prozent), eine drogenfreie Umgebung (11 Prozent bzw. 13 Prozent) und das Familieneinkommen (5 Prozent bzw. 3 Prozent). Erstaunlich, nicht wahr?

Auf jeden Fall erleichtert eine offene Suchhaltung die zwischenmenschliche Kommunikation. Und wenn jemand Gott in diese Suche mit einbezieht, dann eröffnen sich ihm unendliche Horizonte und Lebensperspektiven für Gegenwart und Zukunft.

Drei Worte, die Wunder wirken: WENN DU WILLST

Sie kennen sicher die Redensart „Jemanden zu seinem Glück zwingen". Haben Sie das auch schon einmal versucht?

Ich habe es mehrmals bei unseren Kindern versucht – es war immer wieder die reinste Pleite! Ich mußte einsehen, daß es ab einem gewissen Alter für alle Beteiligten besser ist, wenn wir die Entscheidungen unserer Kinder respektieren und akzeptieren.

Während wir bei Gästen darauf achten, ihre Wünsche zu respektieren, benehmen wir uns manchmal im Umgang mit dem Partner, den Kindern oder sehr guten Freunden etwas plump. Sie müssen mehr essen oder trinken, als sie wollen, müssen sich unbedingt einen Film ansehen, weil wir ihn gut finden, müssen uns zum Besuch bei der Tante begleiten, weil es sich so gehört, oder mit uns zum Gottesdienst in die Kirche gehen, weil wir es so für richtig halten.

Wann immer wir einen anderen Menschen überreden oder bedrängen, sei es offen oder unterschwellig, vergewaltigen wir eine heilige Eigenschaft, mit der Gott den Menschen ausgestattet hat, nämlich den freien Willen, d. h. die Fähigkeit, zwischen verschiedenen Alternativen zu wählen, sich für oder gegen etwas oder jemanden zu entscheiden.

Aus zwei Gründen spreche ich hier von einer „heiligen Eigenschaft". Zum einen macht der freie Wille uns Menschen Gott ähnlich, zum anderen hat Gott teuer genug für unseren freien Willen bezahlt.

Die wichtigste Eigenschaft, die uns Menschen von der restlichen Schöpfung unterscheidet, ist die Fähigkeit, selbst entscheiden zu können. Tiere folgen ihrem Instinkt, der Mensch darf wählen.

Darum gab es zwei besondere Bäume im Paradies. Von dem einen Baum sollte der Mensch regelmäßig pflücken und essen. Dadurch brachte er seinen Entschluß zum Ausdruck, in einer persönlichen Beziehung zu Gott leben zu wollen. Von dem andern Baum aber sollte er nicht essen. Als er es trotzdem tat, entschied er sich gegen die Freundschaft mit Gott und wählte die Unabhängigkeit von seinem Schöpfer.

Wollen wir in der Erziehung gottähnlich handeln, so sollten wir unseren Kindern (dem Alter entsprechend) die möglichen Alternativen mit den jeweiligen Folgen erklären, um sie dann frei entscheiden zu lassen.

Meiner Ansicht nach ist beispielsweise die Unsitte, Kinder als Säuglinge taufen zu lassen, eine krasse Vergewaltigung ihres freien Willens. Stellen Sie sich die Reaktion ihrer Kinder vor, falls Sie ihnen im Alter von zehn oder zwölf Jahren mitteilen würden, daß Sie schon kurz nach ihrer Geburt notariell festgelegt hätten, wen sie zu heiraten haben. Sie hätten keine Wahl, alles wäre längst für sie entschieden!

Ist die Säuglingstaufe nicht noch schlimmer? Wir binden sie an einen Gott, den sie in diesem Alter noch gar nicht kennen, und an eine Kirche, die sie sich nicht ausgesucht, für die sie sich nicht freiwillig entschieden haben.

Natürlich habe ich nichts gegen die religiöse Erziehung von Kindern, im Gegenteil! Es tut den Kindern gut, wenn wir ihnen helfen, mit ihrer Entscheidungsfreiheit umzugehen, und darum keinerlei Druck ausüben, geschweige denn, für sie entscheiden, sie entmündigen! Ich jedenfalls bin froh, daß meine Eltern mir diese Entscheidung nicht im voraus abgenommen haben. Und ich denke, unsere Kinder sind auch froh darüber, daß auch sie völlig frei entscheiden konnten bzw. können, welche Religion sie haben möchten. Auch Religionsfreiheit fängt zu Hause an!

Unsere Freiheit ist Gott teuer zu stehen gekommen. Gott hatte sich danach gesehnt, daß die Menschen ihn als Freund und Ratgeber wählen würden. Aber er nahm auch in Kauf, daß sie sich gegen ihn entscheiden.

So geschah es auch. Und die Folgen dieser Entscheidung? Darunter leiden wir alle, und mit uns die gesamte Schöpfung: Krankheit, Krieg, Schmerzen, Zerstörung des ökologischen Systems unseres Planeten, Tod.

Auch Gott leidet unter unserer Entscheidung. Er leidet mit den Leidenden. Aber was wäre die Alternative gewesen? Hätte er uns als Roboter oder Tamagotchis schaffen sollen? **Es ist wohl möglich, auf Knopfdruck zu gehorchen, aber es ist unmöglich, auf Kommando zu lieben!** Wollen wir, daß aus unseren Kindern brauchbare Menschen – und keine Roboter – werden, müssen auch wir die Möglichkeit einkalkulieren, daß wir für ihre Entscheidungsfreiheit teuer zu zahlen haben. Wenn sie uns dann aber sagen: „Papa, Mama, ich liebe euch!", dann können wir sicher sein, daß sie es auch so meinen.

Gott kam unsere Entscheidungsfreiheit so teuer zu stehen, daß er dabei sogar den Tod seines eigenen Sohnes, Jesus Christus, in Kauf nahm. Denn nur dadurch war die leidvolle Kettenreaktion der Sünde, der Trennung von Gott, zu stoppen. Mit anderen Worten: Unsere Freiheit war das Leben des Sohnes Gottes wert!

Gott respektiert den freien Willen des Menschen auch heute noch. Viele verbreiten heute die Meinung, Gott enge unser Leben ein. Sie behaupten, wer mit Gott lebt, müsse auf alles verzichten, was das Leben schön macht. Ja, sie gehen sogar noch weiter und sagen, Christen müßten ihren Verstand und ihren freien Willen an der Garderobe abgeben.

Das alles stimmt so natürlich nicht!

Um uns zu zeigen, wie Gott wirklich ist, hat Jesus eine Geschichte erzählt, die zu seinen schönsten Gleichnissen gehört: das Gleichnis vom liebenden Vater.

„Ein Mann hatte zwei Söhne", erzählte Jesus. „Eines Tages sagte der Jüngere zu ihm: ‚Vater, ich will jetzt schon

meinen Anteil am Erbe ausbezahlt haben.' Da teilte der Vater sein Vermögen unter ihnen auf.

Nur wenige Tage später packte der jüngere Sohn alles zusammen, verließ seinen Vater und reiste ins Ausland. Endlich konnte er sein Leben in vollen Zügen genießen. Er leistete sich, was er wollte, bis er schließlich keinen Pfennig mehr besaß. Zu allem Unglück brach in dieser Zeit eine große Hungersnot aus. Es ging ihm sehr schlecht.

In seiner Verzweiflung bettelte er so lange bei einem Bauern, bis der ihn zum Schweinehüten auf die Felder schickte. Oft quälte ihn der Hunger so, daß er froh gewesen wäre, etwas vom Schweinefutter zu bekommen. Aber selbst davon erhielt er nichts. Da kam er zur Besinnung: ‚Bei meinem Vater hat jeder Arbeiter mehr als genug zu essen, und ich sterbe hier vor Hunger. Ich will zu meinem Vater gehen und ihm sagen: Vater, ich bin schuldig geworden an Gott und an dir. Sieh mich nicht länger als deinen Sohn an, ich bin es nicht mehr wert. Aber kann ich nicht als Arbeiter bei dir bleiben?'

Er stand auf und ging zurück zu seinem Vater. Der erkannte ihn schon von weitem. Voller Mitleid lief er ihm entgegen, fiel ihm um den Hals und küßte ihn. Doch der Sohn bekannte: ‚Vater, ich bin schuldig geworden an Gott und an dir. Sieh mich nicht länger als deinen Sohn an, ich bin es nicht mehr wert.'

Sein Vater aber befahl den Knechten: ‚Beeilt euch! Holt den schönsten Anzug, den wir im Hause haben, und gebt ihn meinem Sohn. Bringt auch einen kostbaren Ring und Schuhe für ihn! Schlachtet das Kalb, das wir gemästet haben! Wir wollen feiern! Mein Sohn war tot, jetzt lebt er wieder. Er war verloren, jetzt hat er zurückgefunden.' Und sie begannen ein fröhliches Fest.

Inzwischen kam der ältere Sohn nach Hause. Er hatte auf dem Feld gearbeitet und hörte schon von weitem die Tanzmusik. Erstaunt fragte er einen Knecht: ‚Was wird denn hier gefeiert?' ‚Dein Bruder ist wieder da', antwortete er ihm.

‚Dein Vater hat sich darüber so gefreut, daß er das Mastkalb schlachten ließ. Jetzt feiern sie ein großes Fest.'

Der ältere Bruder wurde wütend und wollte nicht ins Haus gehen. Da kam sein Vater zu ihm und bat: ‚Komm und freu dich mit uns!' Doch er entgegnete ihm bitter: ‚Wie ein Arbeiter habe ich mich all diese Jahre für dich geschunden. Alles habe ich getan, was du von mir verlangt hast. Aber nie hast du mir auch nur eine junge Ziege gegeben, damit ich mit meinen Freunden einmal hätte richtig feiern können. Und jetzt, wo dein Sohn zurückkommt, der dein Geld mit Huren durchgebracht und alles verpraßt hat, jetzt gibt es gleich ein Fest, und du läßt sogar das Mastkalb schlachten!'

Sein Vater redete ihm zu: ‚Mein Sohn, du bist immer bei mir gewesen. Was ich habe, gehört auch dir. Darum komm, wir haben allen Grund zu feiern. Denn dein Bruder war für uns tot, jetzt hat für ihn ein neues Leben begonnen. Er war verloren, jetzt hat er zurückgefunden!'" (Lukas 15,11-32)

Im ersten Teil dieser Geschichte erfahren wir Wesentliches über Gott, der hier durch den geduldig wartenden Vater dargestellt wird: Der Vater kettet seinen Sohn nicht an sich, sondern respektiert seine Entscheidung, zu gehen – so sehr sie ihn auch schmerzt! Er droht ihm nicht, erpreßt ihn nicht, erzwingt auch nicht seine Heimkehr. Warum nicht? Wie bereits erwähnt: Nichts achtet Gott höher als unseren freien Willen. Er wird uns nie „zu unserem Glück" zwingen!

Halten Sie es für vorstellbar, daß jemand eines Tages gezwungenermaßen in den Himmel kommt? Daß jemand resigniert sagt: „Ich wollte gar nicht hierher, konnte mich aber nicht dagegen wehren"? Bin ich froh darüber, daß es im Himmel nur Freiwillige geben wird! Bin ich froh darüber, daß ich mich freiwillig entscheiden kann, Gott zu lieben und ihm nachzufolgen!

Im zweiten Teil des Gleichnisses fällt mir auf, daß der ältere Sohn sich zu Hause wie ein Sklave fühlt, nicht wie ein Sohn! Ob er die ganze Zeit unfreiwillig zu Hause geblieben ist? Ob er sich in seinem Herzen danach gesehnt hat, auch das zu tun, was sein jüngerer Bruder tat, dazu aber zu feige war? Vielleicht ist er geblieben und hat hart geschuftet aus Pflichtgefühl, aber nicht aus innerer Überzeugung oder aus Liebe.

Wenn die Liebe fehlt, wird aus dem schönsten Zuhause ein Gefängnis – zumindest empfinden es viele junge Leute so! Liebe kann sich aber nur dort entfalten, wo wir – wie Gott – den freien Willen unserer Partner, Kinder und Freunde achten und respektieren.

Zwei Worte, die Wunder wirken: VIELEN DANK!

Wie gern und wofür sagen Sie eigentlich „Danke!"? Ab wann macht es Sinn, sich zu bedanken?

Schon diese Fragestellung deutet an, daß wir in einer Zeit leben, in der vieles nicht mehr selbstverständlich ist. So oder ähnlich muß der spanische Philosoph José Ortega y Gasset empfunden haben, als er sagte: „Das schwerste Gebrechen der Menschen ist die Undankbarkeit."

Gehen wir etwa sparsamer mit dem Wort „Danke!" um, damit es nicht noch mehr abgedroschen wird? Die Frage ist allerdings, ob das hilft. Wenn wir nämlich zu differenzieren beginnen, also für „Kleinigkeiten" nicht mehr danken, werden wir bald ganz aufhören zu danken. Außerdem: Was ist wirklich „klein" und darum den Dank nicht wert?

Ein Chirurg bekannte: „Sie glauben gar nicht, wie viele Patienten, die wir noch einmal dem Tod entreißen konnten, unsere Klinik verlassen, ohne uns auch nur ein Wort des Dankes zu sagen."

Diesem Arzt erging es wie Jesus Christus und seinen Jüngern:

In einem Dorf begegneten ihnen zehn Leprakranke. In der vorgeschriebenen Entfernung blieben sie stehen und riefen: „Jesus, Meister! Hab doch Erbarmen mit uns!“ Er sah sie an und forderte sie auf: „Geht zu den Priestern und zeigt ihnen, daß ihr geheilt seid!“ Auf dem Wege dorthin wurden sie gesund. Einer von ihnen lief zu Jesus zurück, als er merkte, daß er geheilt war. Laut lobte er Gott. Er warf sich vor Jesus nieder und dankte ihm. Und das war ein Mann aus Samarien. Jesus fragte: „Habe ich nicht zehn Männer geheilt? Wo sind denn die anderen neun? Weshalb kommt als einziger dieser Fremde zurück, um sich bei Gott zu bedanken?“ (Lukas 17,12-18)

Alle neun mögen – aus ihrer Sicht – plausible Gründe gehabt haben, auf das Danken zu verzichten:

„Ich wollte nicht nur mit Worten danken, wollte ein Geschenk suchen, fand aber nichts Passendes.“ Passiert uns das auch?

„Ich wollte ihm danken, da fiel mir ein, daß er wahrscheinlich keinen Dank erwartet. Also ließ ich es auch sein.“ Es stimmt, Gott hat unseren Dank nicht nötig, wir aber haben das Danken nötig!

„Ich bin sonst nicht undankbar, aber vor lauter Freude habe ich es einfach vergessen!“ Danken hat mit Denken zu tun. Gedankenlosigkeit führt zu Undankbarkeit – aus Vergeßlichkeit!

„Warum sollte ich mich bedanken? Ich hatte ein anständiges Leben geführt, ich hielt es für recht und billig, daß Jesus mich heilte.“ Ein solcher Mensch lebt nach dem Motto: Mir wird nichts geschenkt. Alles, was ich habe oder bekomme, steht mir zu, alles habe ich mir hart erarbeitet.

Man könnte also passende Gründe für alle neun Geheilte finden. Was mag aber der zehnte gedacht haben, als er zurückkam und sich bedankte? Vielleicht: „Ohne zu atmen, kann ich nicht leben. Danken gehört für mich so zum Leben wie das Atmen!“

Wir brauchen das Danken um unseretwillen – wie das Atmen. Es erhält uns seelisch gesund, wenn wir Gott und unseren Mitmenschen danken.

„Vielen Dank!" – nur zwei Worte, die in der Familie, in der Schule oder am Arbeitsplatz Wunder wirken können, wenn sie aufrichtig und bewußt gesprochen und vielleicht durch eine nette Geste unterstrichen werden.

Dankbarkeit ist das wirksamste Mittel gegen den Neid, die beste Arznei gegen die Traurigkeit, die wirksamste Methode gegen die Ich-Verkrampfung. Darum empfehle ich Ihnen, kurz innezuhalten, bevor Sie weiterlesen, um zu überlegen, wofür Sie Gott, Ihrem Partner oder Ihrem Kind, Eltern oder Schwiegereltern, Ihrem Chef oder Ihrem Angestellten danken können.

Ein Wort, das Wunder wirkt: VERZEIHUNG!

„Verzeihung" ist ein Wunder wirkendes Wort. Aber auch eins, das uns nur schwer über die Lippen kommt.

In einem Brief schrieb mir jemand: „Ich kann noch so schuldig sein, aber um Vergebung bitten, das kann ich nicht. Dazu ist mein Stolz einfach zu groß."

Ist das nicht traurig? Dabei könnte schon dieses eine Wort so viel dazu beitragen, Spannung und Bitterkeit zu beseitigen – ganz abgesehen davon, daß Unversöhnlichkeit krank macht. „Wer nicht verzeihen kann, zahlt dafür langfristig einen hohen seelischen und körperlichen Preis. Feindseligkeit erhöht das Risiko, krank zu werden." (Heiko Ernst)

Meistens besteht das Problem darin, daß jede der betroffenen Personen meint: Ich bin unschuldig. Warum soll *ich* um Verzeihung bitten? Der andere muß den ersten Schritt tun! Wenn er mich um Verzeihung bittet, verzeihe ich ihm auch. Aber *er* muß den Anfang machen, denn *er* ist ja der Schuldige.

Weil Jesus dieses allzu menschliche Denken kannte, gab er uns folgenden Rat: *Wenn du während des Gottesdienstes ein Opfer bringen willst und dir fällt plötzlich ein, daß dein Bruder etwas gegen dich hat, dann laß dein Opfer liegen, gehe zu deinem Bruder und versöhne dich mit ihm. Erst danach bringe Gott dein Opfer.* (Matthäus 5,23-24)

Würde jeder von uns diesen Rat befolgen, gäbe es keine Unversöhnlichkeit mehr: Der Unschuldige würde immer den Anfang machen, und weil sich jeder als unschuldig betrachtet, würden sich Kontrahenten immer auf halbem Wege treffen!

Die Bibel gibt uns noch einen weiteren Rat. Haben Sie auch festgestellt, daß es um so schwerer fällt, diesen Schritt aufeinander zuzugehen, je länger man damit wartet? Darum schreibt Paulus: *Wenn ihr zornig seid, dann macht es nicht noch schlimmer, indem ihr unversöhnlich bleibt. Laßt die Sonne nicht untergehen, ohne daß ihr euch vergeben habt. Gebt dem Teufel keine Chance, Unfrieden zu stiften.* (Epheser 4,26.27)

Dieses Wort des Paulus hat den bekannten christlichen Liedermacher Manfred Siebald zu folgendem Text inspiriert:

Laß die Sonne nicht untergehn, ehe du verzeihst. Tu den ersten Schritt, sag das erste Wort, brich den Bann. Sprich mit Gott zur Nacht, und dann zeigt er dir vielleicht ganz sacht, was Vergebung heißt: wenn du plötzlich merkst, daß man Fäuste nicht falten kann.

Wenn die harten Worte erst gefallen sind, wenn das bittre Schweigen um dich steigt – warte nicht darauf, daß irgendwann dein Zorn verrinnt, daß der andre sich vor dir verneigt.

Laß die Sonne nicht untergehn ...

Wenn die Wut dich packt, bist du schon nicht mehr frei; in dir greift ein andrer nach der Macht, nimmt die Fäden in die Hand und zieht und lacht dabei. Schenk ihm nach dem Tag nicht auch die Nacht.

Bei diesen 15 Worten, die Wunder wirken, geht es letztlich nicht um 15 „magische" Worte, sondern um eine Haltung, nämlich um die praktische Umsetzung dessen, was Liebe ist:

- Jemanden aufrichtig zu loben ist *Ausdruck* der Liebe;
- wenn wir uns für die Meinung und das Denken des anderen interessieren, bauen wir ihm eine Brücke, die *Brücke* der Liebe;
- immer wenn wir den freien Willen des anderen achten, erbringen wir den *Beweis* der Liebe;
- die Dankbarkeit könnten wir als die *Kraftquelle* der Liebe bezeichnen;
- einander zu verzeihen ist nichts anderes als die *Bewährungsprobe* der Liebe.

Diese Liebe kann man nicht aus sich selbst hervorbringen, sie ist vielmehr ein Geschenk dessen, der selbst die Liebe ist.

Glück fängt dort zu Hause an, wo die Liebe zu Hause ist. Gott ist die Liebe. Ich wünsche Ihnen, daß Gott bei Ihnen zu Hause ist!

◆

Buchempfehlung

Reinhold Ruthe, „Die Kunst, zu ermutigen", Brendow Verlag, Moers.

Viele Eltern klagen über lustlose, desinteressierte und antriebsarme Kinder. Sind das unlösbare Probleme? Sind Gleichgültigkeit, Lethargie, Willensschwäche oder Konzentrationsmangel angeboren? Der bekannte Ehe- und Jugendberater geht diesem Problem zielstrebig nach und gibt durch zahlreiche konkrete Beispiele praktische Hinweise, die Eltern helfen können, die Entwicklung ihrer Kinder zu fördern.

3. Kapitel

„Ich kann nicht über meinen Schatten springen"

Für die seelische Gesundheit eines Menschen ist es unerläßlich, daß er zu Hause, in der Schule oder am Arbeitsplatz Zeichen der Anerkennung bekommt. Wir sprachen im zweiten Kapitel bereits davon.

Es hat mich sehr getroffen, als ich von einer älteren Frau las, die nur einmal in ihrem Leben diese Bestätigung von den Lippen ihres Vaters zu hören bekam. „Es war, als er starb", sagte sie. „Ich weinte vor lauter Freude, als mein sterbender Vater sagte: ‚Ich bin stolz auf dich'. 45 Jahre hatte ich darauf gewartet, diese Worte zu hören." Lassen Sie bitte niemanden in Ihrer Umgebung 45 Jahre darauf warten, von Ihnen zu hören, wie viel er Ihnen bedeutet!

Wir könnten uns selbst und einander das Leben viel schöner und leichter machen. Statt dessen leiden wir unter unserer Unzufriedenheit, unter unerfüllten Wünschen, mangelnder Bestätigung, fehlendem Selbstwertgefühl, einer unbereinigten Vergangenheit ...

Viele seelische und zwischenmenschliche Probleme haben ihren Ursprung in mangelndem Selbstwertgefühl und fehlender Selbstannahme.

Das hat natürlich Folgen:

- Wie kann ich meinen Partner, meinen Kommilitonen, meinen Arbeitskollegen aufrichtig für etwas loben, wenn ich selber kein Lob vertrage, weil ich nichts Lobenswertes an mir finde, oder weil ich in meinem Leben selten Anerkennung erfahren habe?

- Wie kann ich „stolz“ sein auf meine Kinder oder auf meinen Partner, wenn ich mich selber für eine Niete halte und mich darauf spezialisiert habe, Fehler zu finden – bei mir und bei anderen?
- Wie kann ich die schönen Seiten (äußerlich und charakterlich) eines anderen Menschen wahrnehmen und Gott dafür danken, wenn ich mich jedes Mal beim Blick in den Spiegel ärgere und ständig meine Macken bedauere?

Viele sagen oder denken: „Ich bin eben so, wie ich bin. Man hat mich so oder so erzogen, ich kann einfach nicht über meinen Schatten springen!“

Ich glaube, kein Schatten ist so lang, daß wir ihn nicht überspringen könnten – allerdings nicht allein. Darum würde ich mich sehr freuen, wenn Sie sich nach dem Lesen dieses Kapitels befreit und erleichtert fühlen und – von der Vergangenheit unbelastet – voller Zuversicht in die Zukunft blicken würden.

Ich kann JA zu mir sagen, weil ich aufgehört habe, mich mit anderen zu vergleichen

In dem Kinder-Bilderbuch „Ein gerader Schwanz für Eduard“ (Saatkorn-Verlag, Lüneburg) wird die Geschichte des liebenswerten Ferkels Eduard erzählt, das sich mit seinem Kräuselband-Schwanz nicht anfreunden kann.

Je mehr sich Eduard mit den anderen Tieren vergleicht, desto mehr leidet er unter seinem So-Sein. Er beneidet Sam, den Hofhund, um seinen herrlich buschigen Schwanz, Hannibal, das Pferd, um seinen langen, haarigen Schwanz, und Geraldine, die Kuh, um ihren dünnen Bindfadenschwanz mit dem kleinen Pinsel am Ende. „Sogar ein Rattenschwanz ist schöner als meiner“, beklagt sich Eduard ganz unglücklich bei den anderen Tieren.

Weil Eduard jedem Tier mit seiner ständigen Nörgelei auf den Wecker fällt, versuchen sie, ihm zu einem geraden Schwanz zu verhelfen. Zuerst zweckentfremdet er seinen Schwanz als Abschleppseil in der Hoffnung, ihn auf diese Weise gerade zu biegen – zwecklos!

Später kommt die Kuh Geraldine auf die rettende Idee, Lehm als Schwanzfestiger zu benutzen. So kommt Eduard zu einer Art Heck-Antenne, mit der er allerdings den anderen Ferkeln weh tut, wenn sie nachts bei der Mutter kuscheln wollen. Eduards Schwanz steht so häufig im Wege, daß sie ihn schließlich hinausjagen. Zu guter Letzt mußte er traurig und einsam die Nacht im Freien verbringen. (Das Buch endet natürlich nicht damit.)

Ich erkenne in dieser einfachen Geschichte eine tiefe Lehre:

Wer sich ständig mit anderen vergleicht,

- macht sich und anderen das Leben schwer;
- verfällt in Depression oder Überheblichkeit – je nachdem, mit wem er sich vergleicht (ich denke hier an das Gleichnis vom stolzen Pharisäer, der seine Leistungen mit denen des Steuereintreibers verglich, um besser vor Gott zu stehen, siehe Lukas 18,9-14);
- wird unausstehlich und einsam.

Wer seinen Selbstwert aus dem Vergleich mit anderen Menschen beziehen will, wird nie zur Ruhe kommen.

Wie schaffe ich es aber, JA zu mir selbst zu sagen und mich selbst anzunehmen, so daß ich es nicht mehr nötig habe, mich mit anderen zu vergleichen?

Woher beziehe ich meinen Wert?

Aus den Medien? Der Kult um die Schönheit ist – nicht erst in unseren Tagen– eine höchst einflußreiche Macht. Wichtig ist nur die Fassade, die Attraktivität; das „Innenleben", der Charakter, ist nicht so sehr gefragt. Das hat zum Beispiel für eine Frau gravierende Folgen: Wenn sie nur solange interessant ist, wie sie jung und attraktiv ist, dann weiß sie sich nicht als Person geschätzt und geliebt, sondern nur als Lustobjekt.

Eine berühmte Filmschauspielerin schrieb einmal in einem Zeitungsartikel: „Ich war eine Göttin, eine Königin, als ich jung und schön war. Jetzt bin ich alt und häßlich, und sie haben mich weggeworfen wie ein zerknülltes Stück Papier."

Auf das, was die Medien verbreiten, würde ich mich bei der Suche nach meinem Selbstwert nicht verlassen, weil es den Medienmachern ja nicht in erster Linie darum geht, bei ihren Zuschauern einen gesunden Selbstwert aufzubauen, sondern darum, Auflagen und Einschaltquoten zu erhöhen, denn diese Faktoren sind es ja, wonach sich die Werbeeinnahmen richten!

Woher beziehe ich meinen Wert? Aus meiner Arbeit?

Auch hier gilt: Kannst du was, dann bist du was – je mehr du kannst oder leistest, desto wertvoller bist du. Mißerfolge mindern natürlich unseren Wert, denn nur wenn wir mehr leisten, mehr Geschicklichkeit an den Tag legen, mehr arbeiten, mehr verkaufen, mehr produzieren ..., können wir unseren Wert beweisen.

Ab und zu stößt man auf Vorgesetzte, die klug genug sind, ihre Mitarbeiter immer wieder zu ermutigen und zu motivieren. Die meisten aber melden sich erst zu Wort, wenn etwas schief geht.

Wer seinen Selbstwert aus seiner Arbeitsleistung beziehen will, ist arm dran: Was bleibt, wenn er heruntergestuft wird, damit ein anderer befördert werden kann? Wenn er arbeitslos wird? Ich kenne Akademiker, die Taxi fahren und habe kürzlich von einem Juristen gehört, der am Fließband arbeitet!

In der Tageszeitung DIE WELT vom 16. Oktober 1997 war zu lesen: „Was den Deutschen Angst macht: Noch nie hatten die Deutschen soviel Angst wie heute. Und diese Furcht hat für die Bürger auch einen Namen – Arbeitslosigkeit. Das ist das Ergebnis einer repräsentativen Umfrage der Wiesbadener R+V-Versicherung unter mehr als 2000 West- und Ostdeutschen ... Demnach fürchten 48 Prozent der Deutschen einen weiteren Anstieg der Arbeitslosenzahlen, 38 Prozent haben Angst davor, selbst ihren Arbeitsplatz zu verlieren. Damit rangiert diese existentielle Sorge in der Rangliste der 15 größten Ängste der Deutschen an der Spitze."

Arbeit und Beruf als Meßlatte für den Selbstwert sind eine wackelige Grundlage.

Und wenn ich durch einen Unfall oder eine Krankheit arbeitsunfähig werde? Spätestens wenn man in Rente (oder Frührente) geht (bzw. gehen muß), taucht die Frage nach dem Selbstwert wieder auf. Ich denke hier an Loriots Film „Papa ante portas". Das ist ein möglicherweise heilsamer Film für Männer ab fünfzig, die bis dahin nur für ihre Arbeit gelebt und daraus ihren Selbstwert bezogen haben!

Ich persönlich habe – obwohl ich gern arbeite – eine bessere Meßlatte für meinen Selbstwert gefunden. Meiner Überzeugung nach ist es die beste, die es überhaupt geben kann:

Ich kann JA zu mir sagen, weil ein Größerer JA zu mir sagt

Nehmen wir an, ich habe ein Buchmanuskript geschrieben und es einigen Personen zum Probelesen gegeben. Nun warte ich gespannt auf das Ergebnis.

Wenn meine Schwiegermutter das Manuskript toll findet, dann freue ich mich natürlich. Allerdings findet sie mich und (fast) alles, was ich tue, grundsätzlich toll.

Ich habe eine wunderbare Schwiegermutter, nicht wahr? Wenn sich auch meine Frau positiv dazu äußert, so wiegt das viel mehr, denn sie beurteilt – bei aller Liebe – meine Arbeiten recht kritisch. Sollte aber der Cheflektor eines großen Verlags sagen: „Dieses Manuskript ist Spitze!", dann würde ich mich über dieses Urteil natürlich am meisten freuen. Er ist ja in diesem Falle der Größte, der ein Buchmanuskript beurteilen kann, weil er einen größeren Überblick und viel Erfahrung hat.

Was meinen Selbstwert betrifft, da möchte ich die Meinung des Größten kennen, der sich kompetent dazu äußern kann. Ich habe sie in der Bibel mehrmals entdeckt. Hier zwei Kostproben:

Der HERR ist mir erschienen von ferne: Ich habe dich je und je geliebt, darum habe ich dich zu mir gezogen aus lauter Güte. (Jeremia 31,3)

Ich bin der HERR, dein Gott, der Heilige Israels, dein Heiland. Ich habe Ägypten für dich als Lösegeld gegeben, Kusch und Seba an deiner Statt, weil du in meinen Augen so wert geachtet und auch herrlich bist und weil ich dich lieb habe. Ich gebe Menschen an deiner Statt und Völker für dein Leben. (Jesaja 43,3.4)

Ich finde diesen Gedanken großartig: Gottes Liebe macht uns in seinen Augen wertvoll – obwohl es mich schon irritiert, daß er Menschen oder Völker an meiner Stelle opfern will. Aber das ist bildlich gemeint und will sagen, daß er bereit ist, Wertvolles für uns Menschen zu opfern, um uns von dem frei zu machen, was uns gefangenhält.

Was ist das Wertvollste, das Gott geben konnte, um uns zu zeigen, wie sehr er uns liebt? Auch diese Frage wird in der Bibel deutlich beantwortet:

Denn ihr wißt, daß ihr nicht mit vergänglichem Silber oder Gold erlöst seid ... sondern mit dem teuren Blut Christi als eines unschuldigen und unbefleckten Lammes. (1. Petrus 1,18.19)

Die Bibel lehrt, daß der Mensch durch seine bewußte und willentliche Trennung von Gott (= SÜNDE, siehe erstes Kapitel) in den Sog des Todes geraten ist. Diese Trennung von Gott, dem Leben, ist mit einer zerstörerischen atomaren Kettenreaktion vergleichbar.

Weil eine Kontrollampe versagte, wurde vor Jahren in einem amerikanischen Kraftwerk ein Super-GAU ausgelöst. Der unheimliche Prozeß nahm hinter den Bleiwänden ein immer beängstigenderes Tempo an. Die Katastrophe, die Tausende das Leben kosten mußte, konnte – so schien es – nicht mehr aufgehalten werden. Da ging ein junger jüdischer Physiker in die „Todeskammer", nahm dort rasch die nötigen Handgriffe vor und brachte die Kettenreaktion so zum Stillstand. Von Milliarden unsichtbarer Strahlen durchbohrt, verließ er still den unheimlichen Raum, fuhr ins Krankenhaus und starb unter furchtbaren Qualen.

Genau das tat Jesus Christus vor knapp 2000 Jahren: Um die Eigendynamik der Sünde zu unterbrechen, ging er in den Tod. Wie jener jüdische Physiker Tausende rettete, so hat Christus Millionen und Abermillionen vor einem unausweichlichen Tod gerettet. Die Kettenreaktion der Sünde war gestoppt! Und der Preis? Das Leben des Sohnes Gottes!

Was meinen Sie: Wäre Jesus auch für nur einen einzigen Menschen gestorben, zum Beispiel für Sie oder für mich, wenn nur Sie oder ich durch diese Kettenreaktion der Sünde in Lebensgefahr geraten wären?

Ja! Davon bin ich persönlich fest überzeugt, denn wir haben im Buch des Propheten Jesaja gelesen:

Ich bin der HERR, dein Gott, der Heilige Israels, dein Heiland. Ich habe Ägypten für dich als Lösegeld gegeben, Kusch und Seba an deiner Statt, weil du in meinen Augen so wert geachtet und auch herrlich bist und weil ich dich lieb habe. Ich gebe Menschen an deiner Statt und Völker für dein Leben. (Jesaja 43,3.4)

Weil Jesus Christus auch für Sie allein gestorben wäre, stellt sein Leben den Preis dar, den Sie wert sind. Mit anderen Worten: Sie sind das Leben des Sohnes Gottes wert – und ich bin es auch!

Religion und biblischer Glaube

Ich habe viele Jahre als gläubiger Christ gelebt, ohne daß mir dieses JA Gottes bekannt bzw. bewußt war. Ich muß gestehen: Als Christ zu leben war eine anstrengende Sache!

Ich war ständig bemüht, Gott alles recht zu machen, damit er JA zu mir sagen konnte. Dabei übersah ich, daß er schon längst JA zu mir gesagt hatte. Jetzt lebe ich als Christ ganz unverkrampft: Ich muß meinen Wert nicht beweisen. Gott selbst macht mich wertvoll, nicht mein Glaube, meine Religiosität, mein Gehorsam.

Im Grunde genommen ist genau das einer der Hauptunterschiede zwischen Religion und biblischem Glauben: Religion ist der Versuch des Menschen, Gott zu gefallen, sein Wohlwollen zu erringen. Biblischer Glaube geht den umgekehrten Weg: Zuerst sagt Gott JA zu uns, so wie wir sind. Die daraus resultierende Liebe und Dankbarkeit verändern dann unser Leben.

Sie können natürlich dieses JA Gottes ablehnen, nur – welche Alternative haben Sie dann?

Kein Mensch kann auf Dauer seelisch gesund bleiben, wenn er nicht Liebe, Annahme und Selbstbestätigung erfährt. Wer versucht, seinen Selbstwert durch Menschen zu erfahren, macht sich von ihnen krankhaft abhängig. Er wird ein Leben lang um die Liebe seiner Mitmenschen buhlen und alles tun, um sie nicht zu verlieren. Er wird das Letzte opfern, um sie sich geneigt zu machen, er wird auf eigene Entscheidungen verzichten, um sie nicht zu vergraulen und ständig nachgeben, um nicht bei ihnen anzuecken.

Und die Folgen? Er wird ausgenutzt, fühlt sich zurückgesetzt, läuft den anderen nach, wird gedemütigt.

Das Wissen, daß der Herrscher des Universums JA zu mir sagt und mich so liebt, wie ich bin, befreit mich davon, um jeden Preis nach Lob und Bestätigung zu lechzen. Ich sehe darin keinen Widerspruch zu dem, was wir im zweiten Kapitel über die Wichtigkeit von Lob und Anerkennung bedacht haben: Die Bestätigung durch den Partner, die Eltern oder unsere Mitmenschen ist wichtig, darf jedoch nicht die Hauptquelle, die Grundlage unseres Selbstwertgefühls sein. Andernfalls kann die *Suche* nach dieser Bestätigung sehr leicht zur *Sucht* werden.

Von dieser Sucht befreit uns nur das JA Gottes, weil uns dieses JA dazu befähigt, viele NEINS unserer Mitmenschen zu ertragen, und selbst JA zu unserem Nächsten und sogar zu unserem Feind zu sagen.

Ein bekanntes Wort Jesu erscheint mir in diesem Zusammenhang recht wichtig: „Du sollst deinen Nächsten lieben wie dich selbst." (Matthäus 19,19)

Ich könnte niemals der Aufforderung Jesu folgen, meinen Nächsten zu lieben „wie mich selbst", wenn ich mich selbst nicht lieben würde! Seitdem mir aber bewußt geworden ist, daß ein Größerer, nämlich Gott selbst, zu mir JA gesagt hat, kann ich meinen Nächsten lieben wie mich selbst.

Jesus nimmt mich bei der Hand und hilft mir immer wieder, „über meinen Schatten zu springen", damit ich meinen Mitmenschen helfen kann, ebenfalls über ihren Schatten zu springen.

Eine Frau berichtet, wie sie im Einsatz für andere zu ihrem eigenen Selbstwert fand:

Ich war schon von Kindheit an sehr schüchtern und gehemmt. Nichts traute ich mir zu, alle konnten alles besser, nur ich war eine Null. Später wurden meine Haare durch irgendwelche Hormonstörungen immer dünner und ich dachte, jeder schaut auf meine Haare. Wenn jemand mit mir sprach, glaubte ich, es sei aus Mitleid. Ich fühlte mich wie eine häßliche graue Maus. Natürlich habe ich um volles Haar gebetet und darum, daß Gott mir helfen möge, auch mal „über meinen Schatten springen" zu können. Aber nichts geschah.

Irgendwann habe ich dann mal in der Diakonie mitgeholfen. Ich dachte, mal ein paar ältere Leute besuchen und zuhören, was sie drückt, das müßte ich wenigstens können. Dann geschah etwas: Plötzlich waren ihre Probleme auch meine Probleme und ich hatte das Bedürfnis zu helfen. Ja, mehr noch, ich konnte sie mit ihren Schwächen annehmen und sie liebhaben.

Da dachte ich, wenn ich diese Menschen liebe und ihnen helfen möchte, wieviel mehr liebt sie dann erst Gott? Ich begann, davon zu sprechen, daß er uns in jeder Lage liebt, nur oft anders als wir es möchten. Wir sehen nur unser Leben, aber Gott sieht die Ewigkeit und manche Menschen finden Frieden und Stärke, wenn sie ihr Schicksal annehmen!

Plötzlich wurde mir klar: An erster Stelle steht immer die Selbstannahme. Ich fragte mich: Habe ich eigentlich mein Schicksal angenommen? Es war, als ob Gott mir diese Worte eingegeben hätte, für mich!

Als ich begriff, daß Gott diese alten Menschen liebte, wurde mir tief im Herzen bewußt, wie sehr er auch mich liebte. Er hat mich so geschaffen, warum wollte ich nur wie andere sein, große Begabungen haben, gut aussehen. Gott wollte mich so, und Christus hat für mich sein Leben gegeben.

War mein Wert deshalb nicht sehr groß? Hatte ich nicht eine große Gabe, die Liebe zu meinen Mitmenschen? Bestand nicht sogar der Sinn meines Lebens darin, für andere da zu sein?

Von diesem Zeitpunkt an wurde ich ganz ruhig. Ich empfand den Blick meiner Mitmenschen nicht mehr als mitleidsvoll. Ich traute mir auch viel mehr zu, was ich früher nie für möglich gehalten hätte. So bin ich doch noch über meinen Schatten gesprungen, aber nicht aus eigener Kraft, sondern Gott hat mir einen gehörigen Schubs gegeben.

Ich kann JA zum Nächsten sagen, weil Gott mich von der Last meiner Vergangenheit befreit

Im Johannes-Evangelium erfahren wir, wie Jesus einer Frau mit einem zweifelhaften Ruf einen neuen Anfang schenkte:

Jesus aber ging zum Ölberg. Und frühmorgens kam er wieder in den Tempel, und alles Volk kam zu ihm, und er setzte sich und lehrte sie. Aber die Schriftgelehrten und Pharisäer brachten eine Frau zu ihm, beim Ehebruch ergriffen, und stellten sie in die Mitte und sprachen zu ihm: „Meister, diese Frau ist auf frischer Tat beim Ehebruch ergriffen worden. Mose aber hat uns im Gesetz geboten, solche Frauen zu steinigen. Was sagst du?"

Das sagten sie aber, ihn zu versuchen, damit sie ihn verklagen könnten. Aber Jesus bückte sich und schrieb mit dem Finger auf die Erde.

Als sie nun fortfuhren, ihn zu fragen, richtete er sich auf und sprach zu ihnen: „Wer unter euch ohne Sünde ist, der werfe den ersten Stein auf sie." Und er bückte sich wieder und schrieb auf die Erde.

Als sie aber das hörten, gingen sie weg, einer nach dem andern, die Ältesten zuerst; und Jesus blieb allein mit der Frau, die in der Mitte stand.

Jesus aber richtete sich auf und fragte sie: „Wo sind sie, Frau? Hat dich niemand verdammt?"

Sie antwortete: „Niemand, Herr." Und Jesus sprach: „So verdamme ich dich auch nicht; geh hin und sündige hinfort nicht mehr." (Johannes 8,1-11)

Ich weiß nicht, was Jesus auf den Boden geschrieben hat, aber eins steht fest: Seine Aussage „Wer unter euch ohne Sünde ist, der werfe den ersten Stein auf sie", verbunden mit dem, was er auf den Boden schrieb, ließ die Ankläger mit einem roten Kopf davonschleichen.

Ich persönlich entnehme dieser Begebenheit fünf Lehren:

- Kein Mensch hat das Recht, mit dem Finger auf einen anderen zu zeigen, ihn bloßzustellen, weil er versagt hat oder weil er ein Sünder ist. Denn in dem Augenblick, wo mein Zeigefinger auf einen anderen hinweist, weisen drei Finger auf mich selbst zurück!
- Vor Gott stehen alle Menschen auf ein und derselben Stufe, nämlich auf der Anklagebank. Weil kein einziger sündlos ist, hat jeder letztlich den Tod verdient. Unsere Unterscheidung zwischen schlimmen Sünden (heute z. B. Mord, Sexualverbrechen) und Kavaliersdelikten (heute z. B. Ehebruch, auch „Seitensprung" genannt) gilt vor Gott nicht!
- Gott will nicht die Bestrafung des Sünders, sondern dessen Befreiung! Die Lehre vom ewig brennenden Höllenfeuer und andere unbiblische Lehren entstellen das wahre Bild Gottes. Gott ist kein Sadist, der es genießt, wenn wir schmoren oder gesteinigt werden, sondern er ist ein menschenfreundlicher Gott, der sich freut, wenn es uns in jeder Hinsicht gut geht.
- Sagt Jesus zu dieser Frau: „Halb so schlimm! Schwamm drüber!"? Nein: Er verharmlost die Sünde nicht, sondern nennt sie beim Namen. Aber er nimmt den Sünder in Schutz, denn Gott haßt die Sünde, liebt aber den Sünder von ganzem Herzen. Wichtig ist nur, daß der Sünder sich zu seiner Sünde bekennt, sie nicht beschönigt oder wegredet. Das tut diese Frau auch nicht, sondern sie steht zu ihrer Tat.

- Jesus spricht uns nicht nur frei, sondern er befähigt uns auch zur Freiheit. Er hilft uns, neu zu beginnen. Dieses „Geh hin und sündige hinfort nicht mehr" ist kein Befehl, sondern eine Verheißung. Indem Jesus das sagt, befähigt er diese Frau, im Zeichen der Reinheit und Menschenwürde ein neues Kapitel ihrer Lebensgeschichte zu schreiben.

Ich lade Sie ein, weiter über diese Geschichte nachzudenken. Vielleicht sehnen auch Sie sich danach, neu beginnen zu dürfen – wie damals, in der Schule, als wir in regelmäßigen Abständen ein neues, sauberes Heft beginnen konnten. Bei Gott ist das möglich, auch wenn die Seiten unseres bisherigen Lebensheftes schlimm aussehen.

Gott will jedem Menschen, der zu seiner Vergangenheit steht, einen befreiten Neuanfang schenken. Er macht die Vergangenheit nicht ungeschehen. Die Folgen unserer Fehler bleiben uns meist nicht erspart, aber wir können sie leichter ertragen, wenn wir in unserem Innersten, frei von Schuldgefühlen, den Frieden der Vergebung spüren.

Tausende von Menschen hätten viel früher Befreiung aus ihren Fehlern der Vergangenheit finden können, wenn sie sich dazu bekannt und gleichzeitig sowohl Gott als auch ihre Mitmenschen um Verzeihung gebeten hätten. Mit einer „Leiche im Keller" wird man nie glücklich und befreit leben können, aber es gibt keine Leiche, von der uns Gott nicht befreien könnte!

Wer sich nicht mit eigenen Altlasten zu plagen braucht, dem fällt es viel leichter, JA zum Nächsten zu sagen, denn er weiß: Wir alle sind Sünder und haben ausnahmslos den Tod verdient. Daß ich leben darf, ist nicht mein Verdienst, sondern Gottes Geschenk. Und dieses Geschenk gönne ich auch meinem Nächsten und sogar meinem Feind.

Ich kann JA zum Nächsten sagen, weil Gott mir hilft, zu vergeben und zu „vergessen"

Beim Thema Vergebung denke ich häufig an die Holländerin Corrie ten Boom. Sie starb 1983 im Alter von 91 Jahren. Eins ihrer Erlebnisse zeigt mir nicht nur ihre Größe, sondern auch ihre Menschlichkeit. Es ist nämlich auch für einen Christen nicht immer leicht, zu vergeben und zu vergessen.

Die Eltern von Corrie ten Boom versteckten während der Nazizeit verfolgte Juden und konnten viele von ihnen retten. 1944 wurde die ganze Familie verhaftet. Ihr Vater starb bereits im Gefängnis, ihre Schwester – nach schweren Mißhandlungen – im KZ. Nur Corrie überlebte.

Eines Tages lernte sie eine Frau in Deutschland kennen. Sie berichtete Corrie ten Boom von ihrem Sohn Karl. Karl saß in den Niederlanden im Gefängnis, und zwar genau dort, wo er während des Krieges selber Gefängniswärter gewesen und seine Grausamkeiten begangen hatte. „16 Jahre Gefängnis" lautete das Urteil.

In einem Brief schrieb dieser Karl eines Tages an seine Eltern:

„Liebe Eltern, freut euch mit mir: Ich habe den Herrn Jesus als meinen Heiland angenommen! Er hat mich zu einem Kind Gottes gemacht. Alle meine Sünden habe ich auf ihn geworfen, und er hat sie in das tiefe Meer versenkt."

Als Corrie ten Boom davon hörte, beschloß sie, Karl im Gefängnis zu besuchen. Sie beschreibt ihre Empfindungen bei dieser Begegnung folgendermaßen:

Ich kenne das Gefängnis gut. Wir standen damals inmitten einer Reihe von Männern, und man erzählte uns, daß wir nun wohl erschossen werden sollten. Das Grauen packt mich beim Betreten dieses Schreckensortes. Jetzt nähere ich mich der Zelle, wo Karl, mein ehemaliger Aufseher, sich aufhält.

„Ich bringe dir Grüße von deinen Eltern, Karl."

„Haben Sie sie denn gesehen?"

„Gewiß, ich komme eben aus Deutschland."

Karls Augen werden feucht, und er flüstert: „Wie geht es der Mutter?"

„Gut, Karl, sie freut sich, daß du dich für Jesus entschieden hast und jetzt ein Kind Gottes sein darfst."

Ich erzählte ihm etwas von meinem Besuch bei seinen Eltern und Freunden. Und dann sagte ich: „Ich habe auch in diesem Gefängnis gesessen."

„Ja, wann?"

„Im Jahre 1944."

Karl erblaßte und schaute mich an. „Dann kennen wir uns?"

„Ja, allerdings kennen wir uns."

In der Erinnerung erleben wir beide nochmals die Grausamkeiten, deren Karl sich schuldig gemacht hat, aber dann sagt er – und ein Freudenschimmer verklärt sein Gesicht: „Ich bin so froh, daß ich jetzt von meinen Sünden erlöst bin."

Düstere Gedanken suchen mich heim. So leicht ist das? Jawohl: Mein Vater, meine Schwester Bep, Kik, mein Vetter, und viele, viele andere sind im Gefängnis oder im Konzentrationslager durch deine und deiner Genossen Grausamkeiten einfach hingemordet worden. Und jetzt sind deine Sünden einfach von dir genommen. So einfach ist das ...?

Ich sage kein Wort. Nur die Gedanken arbeiten in mir. Aber dann wird mir plötzlich klar, was ich tue. Jesus hat Karls Sünden ins tiefe Meer versenkt. Vergeben und vergessen hat er sie. Und ich zerre sie wieder ans Tageslicht. Ich bete: „Vater, vergib mir diesen Gedanken im Namen Christi! Herr Jesus, laß mich ganz nahe bei dir sein, damit ich vergeben und vergessen und meine Feinde lieben kann!" Und jetzt habe ich wieder Mut zum Reden.

„In der Tat, Karl, deine Sünden sind dir vergeben worden. Der Herr Jesus hat die Sünden der ganzen Welt getragen,

auch deine und meine Sünden. Ich will dir etwas sagen: Ich schreibe jetzt an die Königin und bitte sie, daß dir Amnestie gewährt werden möge."

In der Zelle bei Karl ist Corrie ten Boom bewußt geworden: Einem Menschen vergeben, einem Feind vergeben und ihn lieben, das kann man nicht aus eigener Kraft, sondern allein aus der Kraft Gottes.

Ich bin froh, daß mir und meiner Familie solch grausame Erlebnisse bisher erspart geblieben sind. Um so mehr wird mir gleichzeitig deutlich, daß die meisten Ungerechtigkeiten, die uns das Vergeben schwer machen, Lappalien sind, im Vergleich zu dem, was diese Frau (und viele mit ihr) erlebt haben. Aber eins weiß ich: In jedem Fall – ob Lappalie oder existentielle Bedrohung – will uns Gott zur Seite stehen, damit wir vergeben und vergessen können.

Dabei muß „vergessen" nicht zwangsläufig bedeuten, daß wir nie mehr an das denken, was geschehen ist, so als wäre es für immer aus unserem Gedächtnis gelöscht worden. Das konnte auch Corrie ten Boom sicher nicht.

„Vergessen" kann auch bedeuten: Ich denke zwar daran, empfinde dabei aber keine Bitterkeit mehr. Ich kann sachlich und nüchtern daran denken, ohne daß Groll in mir aufsteigt.

Das aber bringt allein Gott in uns fertig.

Nur der kann JA zu Freund und Feind sagen, der nie vergißt, wie viel Gott ihm selbst vergeben hat. Deshalb heißt es im Vaterunser: „Und vergib uns unsere Schuld, wie auch wir vergeben unsern Schuldigern." (Matthäus 6,12, wörtlich: „wie wir *vergeben haben*)

Wer nicht vergeben will, zerstört die Brücke, über die er selber gehen muß. Wer sich aber die unverdiente Liebe und Vergebungsbereitschaft Gottes vor Augen hält, kann nicht anders, als selbst zu vergeben.

Lebensperspektiven für heute und morgen kann nur entwickeln, wer unbelastet auf das Gestern zurückblicken kann. Weil aber jeder von uns „Dreck am Stecken" hat, kann nur derjenige unbelastet zurückblicken, der sich seine Vergangenheit von Gott bereinigen läßt.

Auch Sie werden über Ihren Schatten springen können, wenn Sie sich in die Arme Gottes fallen lassen und ihm sagen: „Herr, ich danke dir, daß du, der Größte im Universum, JA zu mir sagst." Und fügen Sie ruhig hinzu: „Herr, bereinige du mein Gestern, damit ich das Heute meistern und zuversichtlich in das Morgen blikken kann."

◆

Buchempfehlung

Walter Trobisch, „Liebe dich selbst – Wege zur Selbstannahme", Brockhaus-Verlag, Wuppertal.

„Liebe dich selbst!" – das ist keine Aufforderung, die im Gegensatz zum Gebot der Nächstenliebe steht. Im Gegenteil: Nur dem, der sich selbst liebt, ist Nächstenliebe überhaupt möglich. Nicht der „pflichtgemäß Liebende", sondern der Mensch, der sich angenommen weiß und sich selbst annimmt, findet den Weg zum anderen und damit auch heraus aus Selbstbezogenheit und Depression.– Dieses Buch des bekannten Ehe- und Familienberaters erscheint bereits in der 23. Auflage!

4. Kapitel

Dürfen wir alles, was wir können?

Wenn ich über den Fortschritt der Technik nachdenke und die Explosion des Wissens betrachte, bewegen mich zwei gegensätzliche Gefühle: Bewunderung und Angst. Einerseits finde ich es erstaunlich, wozu der Mensch heute in der Lage ist. Andererseits frage ich mich: Dürfen wir alles, was wir können?

In diesem Sinne schrieb auch eine ältere Dame: „Die Welt wird mir mit ihrem ‚Fortschritt' immer unheimlicher und kälter ..."

Empfinden Sie ähnlich, wenn Sie darüber nachdenken, was der Mensch heute alles kann? Ich will hierzu nur ein paar Beispiele aus den Bereichen Computerwelt und Medizin aufzählen.

Der Mensch kann immer mehr

Sollten Sie vor der Entscheidung stehen, sich einen Computer anzuschaffen, dann können Sie davon ausgehen, daß das Gerät, das Ihnen aller Wahrscheinlichkeit nach heute angeboten wird, nicht erst morgen, sondern schon seit gestern veraltet ist – es sei denn, Sie können es sich leisten, hohe Summen für das wirklich allerneueste Modell auszugeben. So schnell ändert sich der Stand der Technik.

Einer der ersten Computer („Eniack" genannt, Jahrgang 1948) wog 30 Tonnen und hatte ein Volumen von 90 Kubikmetern. Das Notebook, mit dem ich dieses Buch schreibe, ist etwa drei Kilo schwer und schätzungsweise um das 10.000fache leistungsfähiger als

„Eniack"! Das ist u. a. deshalb möglich, weil die Prozessoren (damit ist das „Herz" des Computers gemeint) immer kleiner werden. Durch die sogenannte Ultraviolett-Lithographie ist es möglich, kleinste elektronische Schaltungen zu bauen. Sie sind so klein (0,25-Mikrometer-Technik), daß das menschliche Haar im Vergleich dazu 400mal dicker ist!

Ein letzter Vergleich zum Thema Größe: Die Rechnerkapazität eines modernen Mobiltelefons entspricht etwa der Leistung des kühlschrankgroßen Bordcomputers, der die Weltraumfähre Apollo zur ersten bemannten Mondlandung vor etwa 30 Jahren steuerte.

1996 schaffte ein sogenannter Teraflop-Rechner 1,8 Billionen (das sind 1.800 Milliarden) Rechenoperationen pro Sekunde. Um mit dieser Zahl etwas anfangen zu können: Mit dem, was dieser Rechner in einer Sekunde bewältigt, müßten sich sämtliche Erdbewohner drei Tage lang abmühen!

Ein Computer-Freak würde jetzt ins Schwärmen geraten. Wir könnten uns auslassen über die multimedialen Fähigkeiten heutiger Personalcomputer, wie Telefonieren, Fernsehen oder Radiohören übers Internet. Spannend ist auch das Thema „emotionale Intelligenz": Bald wird es Rechner geben, die menschliche Emotionen erkennen, Software, die Gefühle ausdrücken kann, Computer, die sich freuen oder ärgern und beim Tod ihres Nutzers trauern ...

Wir könnten fachsimpeln über den virtuellen Klavierlehrer, der die Anforderungen höher schraubt, sobald er Freude im Gesicht des Schülers „entdeckt" und korrektes Spiel registriert, während er bei Frust in der Mimik die Sache langsamer angehen läßt, einen Akkord ein zweites Mal erklärt usw. Oder über den Computer im Auto, der automatisch die Geschwindigkeit drosselt, sobald er „merkt", daß der Fahrer zu aggressiv wird. Oder über den Computer in der Wohnung, der je nach Stimmung der Bewohner automatisch die Beleuchtung regelt und die passende Musik-CD startet.

Hätte sich die Automobil-Industrie ähnlich wie die Computer-Technologie entwickelt, würde die amerikanische Nobel-Limousine Cadillac heute eine Höchstgeschwindigkeit von drei Millionen Kilometern pro Stunde erreichen, auf 100 Kilometer etwa einen Liter verbrauchen und nur 30 Mark kosten!

Der Mensch kann immer mehr ... und wird immer gefährlicher

Die enorme und rapide Explosion des Wissens und der Technik ist nicht mehr zu übersehen. Aber wie steht es um die ethische Entwicklung des Menschen? Hält sie mit dem Tempo dieser Entwicklung Schritt?

Nehmen wir das Beispiel Klon-Technologie. Bei diesem Stichwort denkt wahrscheinlich jeder an das Schaf Dolly, die genetisch identische Kopie eines erwachsenen, sechs Jahre alten Schafes – ein verspäteter Zwilling sozusagen. Zum ersten Mal ist es gelungen, aus einer angeblich vollentwickelten Säugetierzelle (der „Dolly-Schöpfer" räumte später die Möglichkeit eines Fehlers ein) ein neues, identisches Individuum zu schaffen.

Droht damit der beliebig kopierbare Mensch? Man stelle sich nur vor, ein Diktator würde sich in einer Schar identischer Kopien verewigen. Oder Eltern ließen aus Furcht vor dem plötzlichen Säuglingstod eine Kopie ihres Kindes produzieren. Oder eine Mutter brächte das Abbild ihres Vaters zur Welt. Oder ...

Nach einer Umfrage des Forsa-Instituts (Dortmund) halten 53 Prozent der Bundesbürger das Klonen von Tieren für gerechtfertigt, wenn damit Erfolge in der Humanmedizin möglich werden (z. B. zur Herstellung lebensrettender Medikamente), 37 Prozent sind dagegen. Zwei Prozent würden sich selbst klonen lassen, 95 Prozent lehnen dies ab. 78 Prozent haben Angst, daß Wissenschaftler bald versuchen könnten, auch Menschen zu kopieren.

In Deutschland ist die Forschung an menschlichen Embryonen verboten. In den USA überraschte Jarry Hall 1993 die Öffentlichkeit mit dem Geständnis, dieses Tabu gebrochen zu haben. Er hatte Klone aus menschlichen Embryonen in einem sehr frühen Entwicklungsstadium produziert. Sie waren allerdings zugrunde gegangen. Hall wollte damit kinderlosen Paaren helfen. Die Versuche wurden inzwischen eingestellt.

Im ZDF-Magazin war in der Hintergrundinformation zur Sendung „Zündstoff: Versuchstier Mensch?" (lief am 3. Juli 1997) zu lesen:

Eine Organspende vom menschlichen Klon ist heute noch eine Horrorvision. Doch für Dr. Werner Gehring, Leiter der Deutschen Klinik für Fortpflanzungsmedizin, ist dies nur eine Frage der Zeit: „Ein geklonter Mensch könnte gewissermaßen als Austauschlager dienen." Was heute noch keiner wahrhaben will, wird es in Zukunft normal sein? ***Dürfen wir alles, was wir können****?*

*Die Analyse des Erbguts von Embryonen ist keine Zukunftsvision mehr, sondern heute schon Realität. „****Qualitätskontrolle****" und „****Selektion****" nach bestimmten Kriterien sind machbar – und werden gemacht ...*

Der Mensch scheint immer mehr als „Versuchstier" verstanden zu werden. ***Die biologischen Grenzen sind längst durchbrochen****: Menschliche Gene werden zum Beispiel in Schweine geschleust. Schweine mit menschlichem Erbgut sollen einst Transplantationsmaterial liefern. Wird der Mensch selbst irgendwann zum Biomaterial?*

Mühsam wird versucht, auf nationaler und internationaler Ebene die wahrhaft unheimlichen Möglichkeiten der Gene-

tik und der Biomedizin unter Kontrolle zu bringen oder wenigstens in Bahnen zu lenken. Doch ***Ethik und Moral hinken dem „Fortschritt" hoffnungslos hinterher****.* (Hervorhebung vom Verfasser.)

In diesem letzten Satz liegt meiner Meinung nach der Sprengstoff. Nur deshalb kann es zu weiteren „Auswüchsen" wie den befürchteten Mensch-Maschinen kommen: Forscher träumen von einer Koppelung des Hirns mit dem Computer. Durch eine in den USA entwickelte Methode sei dieser Maschinen-Menschentyp denkbar geworden. Wissenschaftler haben Computerchips in die Beine von Kaninchen eingepflanzt. Nach erfolgreichen Versuchen sollen sich Freiwillige in Gefängnissen an diesem Forschungsprogramm beteiligt haben. Fernziel der Versuche sei es, die Gehirne von Menschen irgendwann über einen „heißen Draht" an Computer und ihre Daten anschließen zu können.

Die Forschung steckt noch in ihren Anfängen. „Es wird noch lange dauern, bis die Menschen sich mal Sorgen machen müssen", meint Michael Deering, Forschungsleiter der amerikanischen Computer-Firma Sun Microsystems (Kalifornien). Tröstet Sie diese Aussage? Mich nicht!

Die Reihe der Versuche ist kaum aufzuhalten: Im Februar 1998 kamen in den USA und in Frankreich je ein geklontes Kalb zur Welt. Genmanipulierte Schafe produzieren erstmals medizinisch wertvolles Eiweiß. Die Schlagzeilen sprechen in diesem Zusammenhang vom „ersten Schritt, wie Gott zu werden" (SÜDDEUTSCHE ZEITUNG [SZ] vom 8. Januar 1998), von „Menschenmachern" (12. Januar 1998), vom „Weg vom Verdacht des ‚Frevels' zur Praxis des ‚Fortschritts'" (13. Januar 1998), von der „Verwischung der Grenze zwischen Mensch und Tier" (22. Januar 1998), vom „Weg zur Menschenzucht" (2. März 1998).

Ein amerikanischer Arzt will nach Nieren-, Leber- und Herztransplantationen künftig auch Köpfe verpflanzen. „Machbar ist das", behauptete Prof. Robert White vom MetroHealth Medical Center in Cleveland (Ohio). Bei Affen sei ihm der spektakuläre Eingriff bereits in einem Fall gelungen. In Zukunft will er Menschen mit gesundem Kopf, aber nicht mehr funktionierendem Körper per Transplantation zu einem intakten Spenderleib verhelfen. Diesen sollen hirntote Unfallopfer stellen, erklärte der 71jährige Neurochirurg. „Das ist eine absolute Horrorvorstellung", sagte dazu der Generalsekretär der Deutschen Transplantationsgesellschaft, Günter Kirste.

Diese kleine Auswahl von Beispielen zeigt mir, daß die Frage sehr wohl berechtigt ist: Dürfen wir alles, was wir können? Und tatsächlich scheinen Ethik und Moral dem eben beschriebenen „Fortschritt" hoffnungslos hinterherzuhinken.

Interessant ist in diesem Zusammenhang, wie die Bibel schon vor etwa zweitausend Jahren den moralischen Zustand der Menschen unserer Zeit beschreibt:

Das sollst du aber wissen, daß in den letzten Tagen schlimme Zeiten kommen werden. Denn die Menschen werden viel von sich halten, geldgierig sein, prahlerisch, hochmütig, Lästerer, den Eltern ungehorsam, undankbar, gottlos, lieblos, unversöhnlich, verleumderisch, zuchtlos, wild, dem Guten feind, Verräter, unbedacht, aufgeblasen. Sie lieben die Wollust mehr als Gott; sie haben den Schein der Frömmigkeit, aber deren Kraft verleugnen sie. (2. Timotheus 3,1-5)

Treffender kann man – leider – den allgemeinen moralischen Zustand der heutigen Menschheit nicht beschreiben. Kann das gut ausgehen, wenn Menschen, die über so viel Wissen verfügen, geldgierig und hochmütig, undankbar und gottlos, lieblos und unversöhnlich sind?

Anders ausgedrückt: Die Schere zwischen technischem Können und moralischer Integrität, zwischen Wissen und Weisheit, Macht und Liebe, klafft immer weiter auseinander.

Als unsere Kinder klein waren, durften sie kein Messer in die Hand nehmen und keine Kerze allein anzünden. Später durften sie beides, dafür aber noch nicht die Stereo-Anlage oder den PC bedienen. Heute beherrschen sie beides besser als ich. Das heißt: Je älter sie wurden, desto verantwortungsvoller konnten sie mit wertvollen oder gefährlichen Gegenständen umgehen. Kann man Vergleichbares vom Menschen sagen? Geht die Menschheit um so verantwortlicher mit der Natur, der Technik, dem Wissen und der Macht um, je älter sie wird? Nun, die Fakten sprechen für sich. Mir jedenfalls kommt die Menschheit eher wie ein kleines Kind vor, das in der Nähe eines Pulverfasses mit Feuer spielt.

Woran liegt das?

Der Mensch hat die Orientierung verloren

Mehr Wissen bedeutet noch lange nicht mehr Weisheit. Und mehr noch als Wissen braucht der Mensch Orientierung, denn schneller und bequemer durchs Leben zu rasen hilft nichts, wenn diesem Leben ein Ziel fehlt.

„Jedes Jahr scheinen wir besser gerüstet, das zu erreichen, was wir wollen. Aber was wollen wir eigentlich?" fragt Bertrand de Jouvenel.

Je zweckorientierter unsere Gesellschaft wird, desto mehr sehnen sich Menschen nach Leitbildern und Werten, nach denen sie sich richten können. Werte wie Güte, Nächstenliebe und Opferbereitschaft, an denen unsere Gesellschaft gesunden könnte, werden nicht mehr geschätzt, sondern gelten eher als Schwäche. Hoch im Kurs steht dagegen, was die Menschheit eigentlich krank macht: Durchsetzungsvermögen, Härte und Erfolg um jeden Preis.

Das Bedürfnis, sich an Maßstäben und Richtlinien zu orientieren, ist ein integraler Bestandteil des menschlichen Wesens. Das gilt nicht nur für den Straßenkehrer oder für den Philosophen, sondern auch für die Prostituierte oder den Kriminellen. Auch in diesem Milieu existiert ein Ehrenkodex. Es wäre ein Irrtum, anzunehmen, daß eine Prostituierte zum Beispiel kein Empfinden für Recht und Unrecht hätte. Sie hat es, wenn auch der Schwerpunkt anders gelagert ist. Wehe der Konkurrentin, die ihr „Revier" nicht respektiert! Wehe dem Kunden, der nicht bezahlen will! Das gleiche gilt für das organisierte Verbrechen, wo zahlreiche ungeschriebene Gesetze gelten. Wehe dem, der sie nicht respektiert!

Gesucht!

Die Frage lautet: Wo soll der Mensch Orientierung suchen? Und wo soll er verbindliche Maßstäbe für die Allgemeinheit finden?

In sich selbst? Den Versuch, bei sich selbst Orientierung zu finden, sich selbst verbindliche Maßstäbe zu geben, könnte man mit der Idee vergleichen, den Leuchtturm, der als Orientierungspunkt dienen soll, aufs Schiff zu nehmen!

Der Bezugspunkt muß außerhalb des Menschen liegen, sonst ist er den Modetrends, der Machbarkeit von Wissenschaft und Technik (siehe obige Beispiele), der Manipulation durch die Werbung oder dem Machthunger von Konsumindustrie und Politik hilflos ausgeliefert.

Jeder, der sich einen PC kaufen will, weiß um die entscheidende Rolle der Software. Letztlich ist ein PC nur so viel wert, wie die Programme, die darauf laufen können. Professionelle Programme aber sind oft teurer als der Computer selbst. Warum wohl? Weil Software nicht maschinell entsteht, sondern von Menschen geschrieben, programmiert werden muß.

Wenn ich, fasziniert von den Leistungen heutiger Computer, ins Schwärmen gerate, mache ich mir immer wieder bewußt: Bewundernswert sind weniger die Maschinen selbst, als vielmehr die Menschen, also die Techniker und Programmierer, die den Computer zu diesen Leistungen befähigt haben!

Computer können ihre Programme nicht selbst erstellen. Sie sind auf den Menschen angewiesen, der sie entworfen hat und programmieren kann. Und genau so, wie ein Computer seine Programme nicht selbst erstellen kann, genauso wenig kann der Mensch Schöpfer seiner eigenen ethischen Maßstäbe sein.

Unser Gehirn ist auf gewissen Gebieten so angelegt, daß es durch Lernen seine Leistungsfähigkeit steigern kann, aber auf ethischem Gebiet sind wir auf einen „Programmierer" außerhalb von uns selbst angewiesen!

Was braucht also der Mensch?

Gesucht wird ein transzendenter „Programmierer", der selbst über der Schöpfung steht, zeitlich und räumlich nicht an diese gebunden, der aber den Menschen sehr gut kennt und über seinen Ursprung und seine Bestimmung bestens Bescheid weiß – ein „Programmierer", der für alle Menschen kompatible und für alle Zeiten gültige ethische Richtlinien entwickelt.

Das sind sehr hohe Anforderungen, nicht wahr? Ob jemand zu finden ist, der sie alle erfüllt?

Gefunden!

Nun kommt die gute Nachricht (griechisch: Evangelium) der Bibel: Es gibt diesen „Programmierer"! Ich kenne nur eine einzige Person, die diese Bedingungen erfüllt: Gott, den Schöpfer und Erhalter des Universums. Ich habe ihn als „Programmierer" der Richtlinien für mein Leben gewählt.

Wohlgemerkt: Ich habe Gott nicht zum „Programmierer" meines Lebens gewählt (im Sinne von Vorherbestimmung oder Fatalismus), sondern als denjenigen, der mir die Leitlinien, Werte, Normen und Maßstäbe gibt, an denen ich mein Leben orientieren kann. Er legt nicht den Ablauf meines Lebens fest, so daß ich nur noch „funktioniere" wie ein Roboter oder eine Marionette. Gott respektiert vielmehr meine Entscheidungsfreiheit (jene „heilige Eigenschaft", von der im zweiten Kapitel die Rede war), ist aber gleichzeitig immer wieder bereit, mich aus Sackgassen herauszuführen, Alternativlösungen vorzuschlagen (auch wenn es Umwege sind) und mir die Chance eines neuen Anfangs zu geben.

Und wenn ich weiter oben feststellte, daß meine Bewunderung nicht den Maschinen, die Großartiges leisten, sondern den Technikern und Programmierern gilt, die den Computer zu diesen Leistungen befähigt haben, dann möchte ich jetzt sagen: Noch viel mehr bewundere ich den Schöpfergott, der uns Menschen die Intelligenz verliehen hat, all diese Entdeckungen zu machen und sie – leider nicht immer – zum Wohl der Menschheit bzw. zur Erleichterung des täglichen Lebens einzusetzen. Und ich bin froh, daß er uns nicht nur diese Fähigkeiten geschenkt hat, sondern auch ein „Handbuch", eine Gebrauchsanweisung, die uns befähigt, aus dem Geschenk des Lebens, der Intelligenz, der Phantasie, der Kreativität ... das Beste zu machen.

Für Christen ist die Bibel diese „Gebrauchsanweisung" fürs Leben. Ich persönlich habe fünf Gründe gefunden, die mich veranlassen, dieses Buch zum Leitfaden für mein Leben zu wählen:

1. Sie erklärt mir einleuchtend das Woher, Wozu und Wohin des Menschen: Ich komme aus der Hand eines liebenden Gottes, bin also kein Produkt einer blinden Evolution. Ziel meines Lebens ist die neue Welt, die Gott für die Menschen vorbereitet, eine Welt, in der es kein Leid, keinen Krieg und keine Krankheit geben wird. Und als den Sinn meines Lebens habe ich entdeckt, daß Gott mich glücklich machen will – und andere durch mich. Dazu gehört auch der Versuch, meine Mitmenschen überzeugend, aber unaufdringlich auf Gottes neue Welt hinzuweisen.

2. Die Bibel erzählt mir von Menschen, an denen ich mich orientieren kann. Daß von Persönlichkeiten aus vergangenen Zeiten ungeschönt berichtet wird, ist für mich ein Beweis für die Echtheit der Bibel. In wohltuender Offenheit wird darin beschrieben, wie Menschen aller Altersstufen und sozialen Schichten ihr Leben gestaltet haben. Weil dabei auch ihre Schattenseiten nicht verschwiegen werden, fällt es mir leichter, mich mit ihnen zu identifizieren. Und wenn ich sehe, daß sie von Gott so angenommen wurden, wie sie waren, wie er sie ihr Leben lang getragen und verändert hat, dann fasse ich Mut auch für mich.

3. Ich habe die Bibel zum Leitfaden meines Lebens gewählt, weil sie mir Werte vermittelt, nach denen ich mein Leben gestalten kann: Werte, die nicht utopisch sind, sondern sich im Leben von Millionen bewährt haben, und an denen unsere Gesellschaft gesunden würde: Güte, Nächstenliebe und Opferbereitschaft.

4. Die Bibel hilft mir, Vergangenheit und Gegenwart der Menschheit (also Geschichte und Politik) besser zu verstehen, so daß ich Trends besser erkennen und mich dementsprechend auf die Zukunft vorbereiten kann. Ich finde es einfach faszinierend, wie aktuell und zeitlos dieses Buch ist! Was darin über unsere Zeit

geschrieben steht, wird mir täglich durch die Medien bestätigt.

Die Bibel hilft mir, gefährliche Entwicklungen zu durchschauen und den Weg durch den Dschungel der Meinungen und Ideologien zu finden. Das kann sie nur, weil sie die Dinge von einer höheren Warte beschreibt, die außerhalb unseres Horizontes liegt.

Ich finde es faszinierend, daß ein Buch, dessen jüngste Teile bereits 2.000 Jahre alt sind, immer noch so aktuell ist. Das liegt einfach daran, daß die darin enthaltenen Grundsätze ewig gültig und für alle Menschen auf der Welt „kompatibel" sind – eine der Anforderungen, die wir für den „Programmierer" genannt hatten, den die Welt dringend braucht.

5. Der letzte Grund ist für mich auch der wichtigste: Die Bibel stellt uns das beste Leitbild aller Zeiten vor: Jesus Christus! Er ist das beste Vorbild, das es gibt, weil sich bei ihm Reden und Handeln deckte (im Gegensatz zu den Menschen, die so viel versprechen, zum Beispiel unmittelbar vor den Wahlen, und danach scheinbar an schwerem Gedächtnisverlust leiden).

Menschen, die in ihrem Leben Erstaunliches vollbracht haben, hatten oft Jesus Christus zum Vorbild. Er ist aber nicht nur ein vorbildlicher Mensch gewesen, sondern auch der Sohn Gottes, d. h. der „klein" und darum sichtbar, hörbar und fühlbar gewordene Gott. Weil er beides ist, wahrer Mensch und wahrer Gott, kann er gleichzeitig der unverrückbare und zuverlässige Leuchtturm, das Licht der Welt, sein, und mit uns in unserem Lebensboot sitzen, um uns durch die Stürme unseres Lebens zu begleiten.

◆

Von einem Sturm auf dem See und einem Boot mit Jesus an Bord handelt eine Geschichte aus dem Markus-Evangelium, mit der ich dieses Kapitel abschließen möchte:

Am Abend dieses Tages sagte Jesus zu seinen Jüngern: „Kommt, wir wollen ans andere Ufer übersetzen!" Sie schickten die Menschen weg und ruderten mit dem Boot, in dem Jesus saß, auf den See hinaus. Einige andere Boote folgten ihnen.

Da brach ein gewaltiger Sturm los. Hohe Wellen schlugen ins Boot, es lief voll Wasser und drohte zu sinken. Jesus aber schlief hinten im Boot auf einem Kissen. Da rüttelten ihn die Jünger wach und schrien voller Angst: „Herr, wir gehen unter! Merkst du das nicht?"

Sofort stand Jesus auf, bedrohte den Wind und rief in das Toben der See: „Sei still! Schweige!" Da legte sich der Sturm, und tiefe Stille breitete sich aus. „Warum hattet ihr solche Angst?" fragte Jesus seine Jünger, „habt ihr denn gar kein Vertrauen zu mir?"

Voller Entsetzen flüsterten die Jünger einander zu: „Was ist das für ein Mann! Selbst Wind und Wellen gehorchen ihm!" (Markus 4,35-41 Hfa)

Was ist das für ein Mann?

In diesem Bericht kommt beides deutlich zum Ausdruck: Jesus war eindeutig Mensch. Er war nach der Arbeit des Tages so müde, daß er nichts vom Sturm mitbekam. Unglaublich! Aber er war und ist mehr als nur Mensch: Als er den Sturm stillte, merkten seine Schüler, daß sie es mit Gott selbst, und zwar mit dem Schöpfer des Himmels und der Erde, zu tun hatten.

Das genau ist der Punkt, an dem sich die Geister scheiden. Jesus als vorbildlichen Menschen anzuerkennen, fällt den meisten leicht, aber viele wehren sich dagegen, ihn als Gott zu akzeptieren.

Auch Sie kommen an einer Entscheidung für oder gegen Jesus Christus nicht vorbei. Ich lade Sie herzlich ein, in der Bibel (besonders in den Evangelien) nachzulesen, was Jesus gepredigt und getan hat. Sie werden merken: Entweder war er der größte Betrüger, den es jemals gegeben hat, oder aber er ist das, was er vorgibt zu sein: der Sohn Gottes, dem die Kräfte der Natur gehorchen, der Krankheiten heilen und vom Tode auferwecken kann, der auch die Seele des Menschen heilen, Sünde vergeben und einen neuen Anfang schenken kann.

Wenn Sie dann die nächste Frage stellen, nämlich: Was kann dieser Jesus noch heute?, und ihm die Chance geben, sich in Ihrem Leben durch Erfahrungen bemerkbar zu machen, dann werden Sie in die Lage versetzt, eine bewußte und tragfähige Entscheidung treffen zu können. Es gibt nämlich Situationen, in denen wir mehr brauchen als nur menschliche Sympathie.

Einen vorbildlichen, gütigen Menschen an Bord Ihres Lebensschiffes zu haben, wenn Sie in eine existentielle Krise kommen, ist wunderbar und hilfreich. Aber es gibt Stürme und Lebenskrisen, in denen uns kein Mensch helfen kann. Da brauchen wir nicht nur Orientierung, sondern auch jemanden, der die Ruhe selbst verkörpert – wie Jesus, der tief schlief, als gäbe es keinen Sturm – und uns mit jenem tiefen Frieden erfüllt, der auch die heftigsten Stürme unseres Lebens stillen kann.

Ich gehe davon aus, daß Jesus nicht nur wegen seiner Müdigkeit nichts vom Sturm merkte, sondern vor allem deswegen, weil er sich in den Armen seines Vaters geborgen wußte. Ihm war klar: Dieses Boot kann nicht tiefer sinken als in Gottes Hand!

Ich möchte Sie herzlich einladen: Suchen auch Sie Frieden, Vergebung, Orientierung, Lebensmut und Geborgenheit bei Jesus Christus. Nehmen Sie ihn mit an Bord Ihres Lebensschiffes. Sie werden es nicht bereuen!

Buchempfehlungen

Dwight Nelson, „Zu hohe Ansprüche? Wie Jesus das Leben verändern will", Advent-Verlag Lüneburg.

Angenommen, jemand gäbe sich Ihnen gegenüber als Präsident der Elfenbeinküste aus, Sie würden es nicht glauben, es sei denn, er könnte es beweisen. – Vor zweitausend Jahren lebte im Mittleren Osten ein Mann, der von sich behauptete, er sei der König der Welt. Auch nur ein Spinner, ein Gaukler, ein Betrüger? Wer glaubt schon so einem? Es sei denn, er könnte es beweisen. Viele meinen, dieser Jesus von Nazareth sei nur ein Mensch wie jeder andere gewesen – vielleicht etwas weiser und besser, aber jedenfalls nicht das, wofür er sich ausgab. Doch da sind auch die Millionen anderen, die an ihn glauben, weil sie erlebt haben, daß er ihr Leben verändert hat. Wem soll man glauben? Es lohnt sich, dieser Frage nachzugehen!

Ellen G. White, „Jesus von Nazareth", Advent-Verlag Lüneburg.

Vor mehr als hundert Jahren verfaßt und in über dreißig Sprachen übersetzt, steht im Mittelpunkt dieses Buches die Liebe Gottes, die sich besonders eindrucksvoll im Leben und Wirken des Jesus von Nazareth offenbarte. Außerdem vermittelt die Autorin einen aufschlußreichen Einblick in den geschichtlichen und prophetischen Rahmen des Lebens Jesu sowie in die Schwerpunkte seiner Lehre.

5. Kapitel

Grenzen, die befreien

Viele sind aus eigener Erfahrung zu der Erkenntnis gekommen, nur wenige wollen es nicht wahrhaben: Der sogenannte Laissez-faire-Erziehungsstil ist überholt. „Kinder brauchen Grenzen" – das ist nicht nur ein wiederentdeckter Erfahrungswert, sondern auch der Titel eines Buches, das zu lesen sich lohnt (rororo 1290).

Zu den Auswirkungen des grenzen-losen Laissez-faire-Erziehungsstils schreibt der Verfasser, Familienberater Dr. Jan-Uwe Rogge: *Der Laissez-faire-Stil läßt die Kinder [...] allein. Er macht sie unfähig, soziale Beziehungen einzugehen und Kontakte aufzunehmen. So wie die Überbehütung [...] Eigenständigkeit und Autonomie unterbindet, so bietet der Laissez-faire-Stil den Gegenpol: Hinter der – aus elterlicher Sicht – vermeintlich unbegrenzten großen Freiheit verbirgt sich unpersönliche Distanz, eine – für das Kind – unüberschaubare Weite, die Verlassenheitsangst und Einsamkeit aufkommen läßt und bald unerträglich wird ... Wer keine Regeln formuliert oder Grenzen setzt, der überfordert Kinder intellektuell und gefühlsmäßig.* (S. 69f.)

Und im Vorwort schreibt Dr. Rogge zum Thema Grenzen: *Kinder brauchen Grenzen – dies gilt mehr denn je in einer Zeit, in der die physischen, psychischen und seelischen Grenzen der Kinder durch Kriege, Hunger, Erniedrigung und Mißbrauch verletzt und mißachtet werden.* (S. 9)

Ich empfinde sowohl den Inhalt als auch den Titel dieses Buches als Herausforderung, über den Wert und die Notwendigkeit von Grenzen nachzudenken, und zwar im positiven Sinne. Brauchen auch erwachsene

Menschen Grenzen? Einige Aussagen und Erfahrungen aus dem vierten Kapitel dieses Buches („Dürfen wir alles, was wir können?“) scheinen diese Frage sehr klar zu beantworten.

Wenn wir in der Bibel über die Anfänge der Menschheitsgeschichte nachlesen, stellen wir fest: Am Anfang gab Gott dem Menschen einen Lebensrahmen und machte ihn auf die Gefahren aufmerksam, die auf ihn lauerten, falls er die gesteckten Grenzen überschritt.

War das gut? Oder hat Gott die Menschen damit wie „kleine Kinder“ behandelt?

Gott meinte es gut, als er den Menschen einen Lebensrahmen absteckte

Als der Schöpfer das Zuhause des ersten Menschenpaares (Paradies genannt) vorbereitete, tat er dies als liebevoller Vater.

Nur innerhalb einer Beziehung des Vertrauens zu seinem Schöpfer konnte der Mensch glücklich werden und sich entfalten. Für diese Beziehung gab es ein Symbol: die Frucht eines bestimmten Baumes, die Leben spenden sollte.

Weil Gott die Quelle allen Lebens ist, war der Lebensraum des Menschen vorgegeben: In der Nähe Gottes, das heißt in der Beziehung zu Gott, würde der Mensch gesund, glücklich, in Harmonie mit seinen Mitmenschen, in friedlicher Koexistenz mit der Natur und noch dazu ewig leben können.

Es gab nur eine einzige Bedingung: Er mußte die Verbindung zu Gott wollen und pflegen. Und es gab nur eine einzige „Grenze“: Ein anderer Baum im Paradies, der sogenannte Baum der Erkenntnis, symbolisierte die Trennung von Gott. Der Mensch brauchte nur einmal davon zu essen, wenn er seine Beziehung zum Schöpfer aufkündigen wollte.

Wie konnte der Mensch so töricht sein, aus dieser lebenserhaltenden Gemeinschaft mit Gott auszubrechen, sich gegen ihn zu entscheiden?

Aber da gab es jemanden, einen gefallenen Engel und Gegenspieler Gottes (die Bibel nennt ihn Satan), der dem ersten Menschenpaar einredete: Diese *Verbindung* ist eine *Bindung*, ihr seid von Gott abhängig. Ihr dürft gar nicht so, wie ihr wollt. Ich dagegen biete euch eine bessere Alternative: Ihr könnt grenzenlos sein – wie Gott!

Ist jede Verbindung eine Bindung, die einengt und abhängig macht?

Das Kappen einer Verbindung kann schmerzlich sein (wenn sich beispielsweise die Schaukel von der Kette löst) oder gar tödlich (wenn das Bergsteigerseil reißt)! Was passiert, wenn der Drachen sich von der Schnur löst, um sich von dieser „Abhängigkeit" zu befreien? Wenige Sekunden später entpuppt sich die vermeintliche Freiheit als tödliche Falle. Der Drachen, die Schnur und die Hand, die festhält und lenkt, gehören untrennbar zusammen.

Muß dennoch ein vorgegebener Lebensraum oder Lebensrahmen zwangsläufig Unfreiheit bedeuten?

Stellen wir uns folgende Situation vor. Ein Kind unterhält sich am Flußufer mit einer Bachforelle: „Du arme Forelle! Dein ganzes Leben mußt du in diesem Fluß verbringen! Du kannst dich nur ein paar hundert Kilometer stromauf- und stromabwärts bewegen! Hast du noch nie vom Meer, von den großen Ozeanen, gehört? Dort ist die Freiheit, hier bist du gefangen. Los, schwimm in die große Freiheit!"

Würde die Forelle diesem Rat folgen und den herrlichen Fluß verlassen, in dem sie sich zuvor nie eingeengt gefühlt hatte, würde sie bald spüren, daß ihr die Weite des Ozeans nichts hilft, weil sie in diesem Element (Salzwasser) nicht leben kann und ihr buchstäblich die Luft zum Atmen ausgeht.

Mit dem Menschen war es ähnlich: Sein Lebensraum war so groß, daß er niemals – auch nicht nach Milliarden von Jahrtausenden – an dessen Grenzen gestoßen wäre, denn Gott meinte es von Anfang an nur gut mit ihm.

Wenn Gott uns Lebens- oder Handlungsräume absteckt, dann ist es wirklich besser, ihm zu vertrauen, als auf den Gegenspieler zu hören, der uns zur Loslösung von Gott verleiten will, denn Loslösung von Gott bedeutet Loslösung vom Leben. Wer aber Gott los wird, der wird das Leben los.

Gott meinte es gut, als er den Menschen übersichtliche Richtlinien gab

Solange der Mensch in der Nähe Gottes lebte, brauchte er keine „Gesetze", keine schriftlichen Richtlinien. Er lebte ja in ständiger („Funk-")Verbindung zu seinem Schöpfer. Nach dem Sündenfall, nach seiner Loslösung vom Schöpfer, gab Gott dem Menschen wenige, übersichtliche Richtlinien.

Heute wird es selbst für Spezialisten immer schwerer, sich im Dschungel der Gesetze und Verordnungen zurechtzufinden. Da ist es nur zu verständlich, daß der Ruf nach Vereinfachung lauter wird:

Sachverständigenrat „Schlanker Staat" verlangt drastischen Abbau der Demokratie – „Gesetzes-TÜV" soll Normenflut eindämmen: Zu den zentralen Forderungen der Kommission gehört, die Zahl der Gesetze und Verwaltungsvorschriften zu reduzieren. Nach Angaben von Prof. Rupert Scholz gibt es in den Bundesgesetzen 85.000 Paragraphen, in denen sich selbst ein Jurist nicht mehr zurechtfinde. Der Gesetzgeber müsse deshalb künftig darlegen, warum ein bestimmtes Gesetz erforderlich sei […] Für sinnvoll wird erachtet, untergesetzli-

che Normen wie Rechtsverordnungen und Satzungen künftig nur noch mit „Verfallsdatum" zu erlassen. (SZ vom 7.10.97)

Gott hat den Menschen nicht mit 85.000 Paragraphen erschlagen, sondern es einfach und übersichtlich gemacht, denn seine Gesetze sollen dem Menschen dienen – nicht umgekehrt!

Gott formulierte zuerst zehn Richtlinien, die sich allerdings in zwei kurzen Sätzen zusammenfassen lassen: *Du sollst den HERRN, deinen Gott, liebhaben von ganzem Herzen, von ganzer Seele und mit all deiner Kraft* und *Du sollst deinen Nächsten lieben wie dich selbst.* (5. Mose/Deuteronomium 6,5; 3. Mose/Levitikus 19,18)

Die zehn Richtlinien – Zehn Gebote genannt – sind so aufgebaut, daß die ersten vier die Beziehung zu Gott betreffen, während sich die restlichen sechs mit der Beziehung zu unserem Nächsten befassen.

Die Zehn Gebote sind so knapp und treffend formuliert, daß alle Menschen zu allen Zeiten und in allen Teilen der Welt sie begreifen können. Und sie sind so logisch und relevant, daß sie in der einen oder anderen Form in den Grundgesetzen fast aller Völker der Welt vorkommen.

Weil im allgemeinen nur die kurze Fassung aus dem Katechismus bekannt ist, werden sie hier im vollen Wortlaut der biblischen Originalfassung zitiert:

[1] Du sollst keine anderen Götter haben neben mir.

[2] Du sollst dir kein Bildnis noch irgendein Gleichnis machen, weder von dem, was oben im Himmel, noch von dem, was unten auf Erden, noch von dem, was im Wasser unter der Erde ist: Bete sie nicht an und diene ihnen nicht! Denn ich, der HERR, dein Gott, bin ein eifernder Gott, der die Missetat der Väter heimsucht bis ins dritte und vierte Glied an den Kindern derer, die mich hassen, aber Barmherzigkeit erweist an vielen Tausenden, die mich lieben und meine Gebote halten.

[3] Du sollst den Namen des HERRN, deines Gottes, nicht mißbrauchen; denn der HERR wird den nicht ungestraft lassen, der seinen Namen mißbraucht.

[4] Gedenke des Sabbattages, daß du ihn heiligest. Sechs Tage sollst du arbeiten und alle deine Werke tun. Aber am siebenten Tage ist der Sabbat des HERRN, deines Gottes. Da sollst du keine Arbeit tun, auch nicht dein Sohn, deine Tochter, dein Knecht, deine Magd, dein Vieh, auch nicht dein Fremdling, der in deiner Stadt lebt. Denn in sechs Tagen hat der HERR Himmel und Erde gemacht und das Meer und alles, was darinnen ist, und ruhte am siebenten Tage. Darum segnete der HERR den Sabbattag und heiligte ihn.

[5] Du sollst deinen Vater und deine Mutter ehren, auf daß du lange lebest in dem Lande, das dir der HERR, dein Gott, geben wird.

[6] Du sollst nicht töten.

[7] Du sollst nicht ehebrechen.

[8] Du sollst nicht stehlen.

[9] Du sollst nicht falsch Zeugnis reden wider deinen Nächsten.

[10] Du sollst nicht begehren deines Nächsten Haus. Du sollst nicht begehren deines Nächsten Weib, Knecht, Magd, Rind, Esel noch alles, was dein Nächster hat. (2. Mose/Exodus 20,3-17)

Wunderbar, wie prägnant und verständlich Gott diese Richtlinien formuliert hat! – so empfinden viele beim Lesen der Zehn Gebote.

Wunderbar? entgegnen andere: „Du sollst“ und „Du darfst nicht“, nichts als Grenzen, nur Einschränkungen meiner Freiheit ...

Ob hier möglicherweise ein Denkfehler vorliegt?

Wenn Gott ein Liebhaber des Lebens und der Freiheit, ein menschenfreundlicher Gott ist, welches Interesse sollte er dann daran haben, uns das Leben mit Geboten und Verboten (ob zwei, zehn oder tausend) zu vermiesen, unseren Lebensraum einzuengen, uns durch willkürlich gesetzte Grenzen die Freude am Leben zu rauben?

Gott meinte es gut, als er den Menschen zehn „Leitplanken" schenkte

Empfinden Sie die Leitplanken rechts und links der Straße als Einengung Ihrer Freiheit? Ich empfinde sie als Schutz für mein Leben, besonders bei Glatteis! So ging es mir auch bei einer nächtlichen Fahrt durch den Schwarzwald, als ich bergab fuhr – eher rutschte – und mich nur noch die Leitplanke am rechten Straßenrand vom Abgrund trennte. Ich habe sie nicht gebraucht, war aber sehr froh, daß sie da war – für den Fall der Fälle!

Gottes Gesetze wollen unser Leben nicht einengen, sondern schützen:

- Die Leitplanke „Du sollst nicht töten" schützt mein Leben.
- Die Leitplanke „Du sollst nicht ehebrechen" schützt meine Ehe.
- Die Leitplanke „Du sollst nicht stehlen" schützt mein Eigentum.
- Die Leitplanke „Vergiß den Sabbat als Tag der Ruhe nicht" schützt meine Zeit, schützt mich vor Überarbeitung ...

Probleme mit Gottes Geboten bekommt nicht derjenige, der JA zu dem Lebensraum sagt, den Gott ihm gibt, sondern der, der ausbrechen will (wie die Forelle in den weiten Ozean).

Ein Rauchverbots-Schild engt zum Beispiel meine Freiheit überhaupt nicht ein, weil ich nicht rauche. Im Gegenteil: Dieses Schild schützt mich und meine Gesundheit als Nichtraucher, denn Passivrauchen ist weit schädlicher als allgemein bekannt.

Falls Sie einen Autofahrer beobachten, der mal rechts, mal links gegen die Leitplanken einer Straße kracht und sich eine Beule nach der anderen holt, würden Sie dann etwa denken: Was für ein freier Mensch! So frei möchte ich auch sein!?

Ich jedenfalls würde mich eher fragen: Ist der Fahrer betrunken? Oder hat er seinen Führerschein in der Wüste gemacht?

Und doch reiben wir uns oft an Gottes Leitplanken. Gott meinte es gut ... wir aber wissen es besser:

Der Mensch baut Zäune um die Gebote Gottes

Gott meint es gut, aber die Kirche weiß es besser: Die kirchlichen Beamten zur Zeit Jesu (Schriftgelehrte genannt) machten sich bald mehr Sorgen um die Gebote selbst als um die Menschen.

Die Gebote sollten dem Schutz des Menschen dienen, die Schriftgelehrten aber widmeten sich dem Schutz der Gebote! Sie bauten „Zäune" um die Leitplanken Gottes. Mit 365 Zusatzverboten und 248 Zusatzgeboten wollten sie Gottes „Schutzwall" menschlich schützen.

So gab es zum Beispiel 39 Paragraphen zum Sabbatgebot. Am Sabbat ein Taschentuch bei sich zu haben, fiel unter das Verbot, Lasten zu tragen – es sei denn, es hing am Rock, dann galt es als Teil der Kleidung ...

Noch heute gibt es Menschen, die sich über exakte Sabbatheiligung den Kopf zerbrechen und zu diesem Zweck eine Vorschrift nach der anderen erfinden – nicht um den Menschen, sondern um das Gebot zu schützen! Ein Beispiel: Im Januar 1998 erließ der Rabbi Ovadia Josef das Verbot, am Sabbat an der Nase zu bohren. Dabei könnten ja versehentlich dünne Haare aus den Nasenlöchern herausgerissen werden, was gegen das Verbot verstieße, sich am Sabbat die Haare zu schneiden.

Jesus selbst hat aber ganz unmißverständlich festgestellt: Der Sabbat ist für den Menschen da, nicht umgekehrt! (Markus 2,27)

Gott meinte es gut ... wir aber wissen es besser:

Der Mensch demontiert Gottes Gebote

Gott hat keinen Gesetzes-TÜV nötig, seine Richtlinien brauchen kein „Verfallsdatum": Die Zehn Gebote waren so gut, daß sie für immer und für alle Menschen gültig bleiben sollten.

Aber die Menschen wußten es besser. Bald nachdem Jesus die Erde verlassen hatte, begannen sie, an diesen „Leitplanken" zu werkeln und sie zu verändern ...

Zwei ausführlichere Beispiele sollen das belegen.

Im zweiten Gebot heißt es: *Du sollst dir kein Bildnis noch irgendein Gleichnis machen, weder von dem, was oben im Himmel, noch von dem, was unten auf Erden, noch von dem, was im Wasser unter der Erde ist: Bete sie nicht an und diene ihnen nicht! Denn ich, der HERR, dein Gott, bin ein eifernder Gott, der die Missetat der Väter heimsucht bis ins dritte und vierte Glied an den Kindern derer, die mich hassen, aber Barmherzigkeit erweist an vielen Tausenden, die mich lieben und meine Gebote halten.* (2. Mose/Exodus 20,4-6)

Wovor wollte uns Gott mit diesem Gebot schützen? Davor, ihn in materiellen oder gedanklichen Bildern festzuhalten. Und auch davor, anderen Menschen die eigene Vorstellung von Gott und vom Glauben aufzuzwingen – vor religiöser Intoleranz also!

Menschen haben dieses Gebot im Laufe der Kirchengeschichte immer wieder relativiert – bis hin zur Streichung aus dem Katechismus (was die Zweiteilung des zehnten Gebots nach sich zog, damit die Zahl wieder stimmte).

Und die Folgen? Sichtbares und Greifbares (Bilder, Statuen, Gegenstände) rückten so sehr in den Vordergrund, daß Rituale und menschliche Aktivitäten zur Hauptsache des Gottesdienstes wurden (Messe, Wallfahrten, Reliquienverehrung). Der Versuch, die göttliche Dimension des Glaubens in unsere dreidimensionale Welt hineinzupressen, öffnete heidnischen Vorstellungen und Bräuchen Tür und Tor (Aberglaube, Okkultismus).

Das zweite Beispiel hat mit dem vierten Gebot zu tun: *Gedenke des Sabbattages, daß du ihn heiligest. Sechs Tage sollst du arbeiten und alle deine Werke tun. Aber am siebenten Tage ist der Sabbat des HERRN, deines Gottes. Da sollst du keine Arbeit tun, auch nicht dein Sohn, deine Tochter, dein Knecht, deine Magd, dein Vieh, auch nicht dein Fremdling, der in deiner Stadt lebt. Denn in sechs Tagen hat der HERR Himmel und Erde gemacht und das Meer und alles, was darinnen ist, und ruhte am siebenten Tage. Darum segnete der HERR den Sabbattag und heiligte ihn.* (2. Mose/Exodus 20,8-11)

Wovor wollte uns Gott mit dieser „Leitplanke" bewahren? Davor, die Arbeit zu vergötzen, also nur noch zu arbeiten (*wir dürfen* am siebten Tag *ruhen*), aber auch davor, die Freizeit zu vergötzen, also nur noch zu faulenzen (*wir sollen* sechs Tage *arbeiten*).

Das Sabbatgebot bildet darüber hinaus einen mehrfachen Schutz – sowohl vor der Ausbeutung der Angestellten (auch Knecht und Magd dürfen ruhen) als auch vor der Ausbeutung der Schöpfung (auch das Vieh, später das Land sollen zur Ruhe kommen – während des sogenannten „Sabbatjahres").

Außerdem sollte der Sabbat-Ruhetag den Menschen davor bewahren, seinen Schöpfer zu vergessen („denn in sechs Tagen hat der HERR Himmel und Erde gemacht ...").

Mit dem Sabbat ist also nicht nur das Angebot verbunden, selbst müde sein zu dürfen und nichts zu tun, ohne ein schlechtes Gewissen zu haben (Aktenstapel und Wäscheberg dürfen warten), sondern auch die Aufforderung, die anderen ebenfalls in Ruhe zu lassen.

Geistig-geistlich gesehen bietet der Sabbat vor allem die Chance, bewußt und intensiv Gemeinschaft mit Gott, dem Schöpfer, zu pflegen – ganz so, wie am Anfang, am ersten Sabbat der Weltgeschichte: *Und so vollendete Gott am siebenten Tage seine Werke, die er machte, und ruhte am siebenten Tage von allen seinen Werken, die er gemacht hatte. Und Gott segnete den siebenten Tag und heiligte ihn, weil er an ihm ruhte von allen seinen Werken, die Gott geschaffen und gemacht hatte.* (1. Mose/Genesis 2,2.3) Daß Gott diesen Tag schon zu Beginn der Menschheitsgeschichte aussonderte, zeigt: Der Sabbat ist nicht nur ein Gebot für die Juden, wie viele meinen, sondern ein Geschenk für die gesamte Menschheit.

Aber der Mensch wußte es besser und änderte auch diese Richtlinie Gottes: Bereits im 2. Jahrhundert n. Chr. bürgerte sich in christlichen Kreisen die Heiligung des Sonntags (des ersten Tags der Woche) ein, gefördert durch den Antisemitismus, mit dem einige Christen auf die Feindschaft der Juden gegen das aufkommende Christentum reagierten. Gleichzeitig war dieser Prozeß eine Reaktion auf den Passastreit um die Mitte des zweiten Jahrhunderts sowie ein Brückenschlag zur heidnischen Sonnenverehrung (Mithraskult).

Schließlich hörte das Nebeneinander von Sabbat und Sonntag auf, als Kaiser Konstantin (am 7. März 321) die Heiligung des Sonntags gesetzlich verordnete, und dies in der Synode von Laodizea (343-381) auch noch kirchlich sanktioniert wurde, indem am Sabbat die Arbeit verordnet und am Sonntag die Ruhe verlangt wurde.

Nun ist im Katechismus vom Feiertag oder Sonntag die Rede, und die meisten Christen glauben, daß der Sonntag der von Gott eingesetzte Ruhetag sei, was aber nicht zutrifft. Dies wird von der Kirche, bzw. von den meisten Theologen auch offen zugegeben. (Näheres dazu im Buch von Clifford Goldstein unter den Buchempfehlungen am Ende dieses Kapitels.)

Aber macht es wirklich etwas aus, ob man den Samstag oder den Sonntag zum Feiertag macht? Hauptsache ein Tag in der Woche ist Ruhetag!

Nun, zum einen bedeutet das eine Grenzüberschreitung: Mit welchem Recht maßt sich der Mensch an, verändernd in das Gesetz Gottes einzugreifen – ein Gesetz, von dem Gott selbst sagt, daß es unveränderbar und heilig sei?! (Matthäus 5,17.18; Römer 7,12)

Zum anderen ist es eine Beleidigung Gottes, sein einzigartiges „Sabbat-Geschenk" nicht anzunehmen. Ist es nicht etwas blauäugig, zu meinen, der Mensch könne dieses Geschenk einfach austauschen, Gott aber werde sich trotzdem darüber freuen und dazu bekennen? Wie können wir von einem eigenmächtig veränderten Ruhetag denselben Segen erwarten, den Gott speziell auf den Sabbat gelegt hat?

Wer 35 Jahre alt ist und dieses Geschenk nicht wahrnimmt, hat bis heute insgesamt fünf Jahre seines Lebens „vergeudet", die ihn physisch, geistig-geistlich, seelisch und sozial hätten aufbauen und erfrischen können.

In der Einleitung zu den Zehn Geboten steht ein bemerkenswertes Wort: *Ich bin der HERR, dein Gott, der ich dich aus Ägyptenland, aus der Knechtschaft, geführt habe.* (2. Mose/Exodus 20,2) Wer Gottes Gebote – einschließlich des Sabbats – ablehnt, gleicht einem Menschen, der freiwillig ins Gefängnis zurückkehrt, nachdem er freigesprochen worden ist.

Wer Gottes Gebote ablehnt, wird früher oder später auch Gott ablehnen. Wer aber Gott ablehnt, der verurteilt sich selbst zum Tode, weil Gott die Quelle des Lebens ist.

Wir könnten unsere Überlegungen auch auf die anderen acht Gebote ausdehnen, was hier aber nur auszugsweise geschehen soll.

- Weil das Gebot „Du sollst nicht töten" nicht mehr ernst genommen wird, ist die Idee, Embryos als Ersatzteillager zu züchten, keine Utopie mehr. „Klonen wird zur Heilmethode werden", meint der Gynäkologe Werner Gehring (er betreibt die größte Klinik für künstliche Befruchtung in Bad Münder bei Hannover). „Das Embryo dient dann als individuelles Ersatzteillager." (SZ vom 7. Oktober 1997)
- Als Folge davon, daß das Gebot „Du sollst nicht ehebrechen" nicht mehr ernst genommen wird, werden heute mehr als ein Drittel aller Ehen geschieden. Wechselnde Partnerschaften sind längst nichts Außergewöhnliches mehr und Ehebruch wird als „Seitensprung" bagatellisiert.
- Das Gebot „Du sollst nicht stehlen" wird im Geschäftsleben vielfach vornehm umgangen, ob im Umgang mit Firmeninventar oder bei der Steuererklärung. Wen wundert es da, daß dieses Gebot unseren Kindern keinen Schutz mehr bietet? Jeder zehnte ertappte Ladendieb ist ein Kind unter dreizehn Jahren! Die Strafverfolger resignieren – immer mehr Delikte werden als Bagatelldelikte deklariert, die dann nicht mehr weiterverfolgt werden müssen.

In allen Lebensbereichen zeigt sich: Die Demontage der göttlichen Leitplanken ist die Ursache zunehmender Unfälle auf der Straße des Lebens!

Gibt es eine Lösung für das Dilemma, in dem wir uns befinden? Ich denke schon. Nur besteht sie nicht darin, gegen Gottes Gebote anzugehen, sondern darin, uns ganz bewußt an Jesus Christus zu orientieren.

Christus befreit von Schuld und Schuldgefühlen

Grenzüberschreitung macht krank, und zwar seelisch, aber häufig auch körperlich (psychosomatische Zusammenhänge!) und sozial, denn Sünde (Grenzüberschreitung) macht einsam, stört die zwischenmenschlichen Beziehungen.

Ein Staatschef, der sich in Ehebruch und Mord verstrickt hatte, beschrieb seine Gefühle so: *Herr, erst wollte ich meine Schuld verschweigen; doch davon wurde ich so krank, daß ich von früh bis spät nur stöhnen konnte. Ich spürte deine Hand bei Tag und Nacht; sie drückte mich zu Boden, ließ meine Lebenskraft entschwinden wie in der schlimmsten Sommerdürre. Darum entschloß ich mich, dir meine Verfehlungen zu bekennen. Was ich getan hatte, gestand ich dir; ich verschwieg dir meine Schuld nicht länger. Und du – du hast mir alles vergeben!* (König David in Psalm 32,3-5 GN) Und so beschrieb er seine Erleichterung, nachdem er von Gott Vergebung erhalten hatte: *Freuen dürfen sich alle, denen Gott ihr Unrecht vergeben und ihre Verfehlungen zugedeckt hat! Freuen darf sich jeder, dem die Schuld vom Herrn nicht angerechnet wird und dessen Leben frei von Falschheit ist!* (Psalm 32,1.2 GN)

Wenn Gott vergibt, dann nimmt er auch wirklich alle Schuld, so daß uns das Versagen der Vergangenheit nicht mehr zu belasten braucht.

Christus befreit aus dem Teufelskreis der Sünde

Erinnern Sie sich noch an den verzweifelten Hilferuf des Paulus im ersten Kapitel dieses Buches? *Ich mache immer wieder dieselbe Erfahrung: Das Gute will ich tun, aber ich tue das Böse. Dieser Widerspruch zwischen meiner richtigen Einsicht und meinem falschen Handeln beweist, daß ich ein Gefangener der Sünde bin ... Ich unglückseliger Mensch! Wer wird mich jemals aus dieser Gefangenschaft befreien? Gott sei Dank! Durch unseren Herrn Jesus Christus sind wir bereits befreit.* (Römer 7,21ff. Hfa)

Aus diesem (buchstäblichen) Teufelskreis der Verstrickung in Schuld und Versagen kann uns nur Jesus Christus befreien.

Die Anziehungskraft der Sünde könnte man mit dem Gesetz der Schwerkraft vergleichen. Die Leitplanken Gottes, seine Gebote, schützen uns zwar, heben aber das Gesetz der „Schwerkraft" Sünde nicht auf. Das kann nur Jesus Christus: *Jesus erwiderte ihnen: „Eins ist sicher: Jeder, der sündigt, ist ein Gefangener der Sünde. Wenn euch also der Sohn Gottes befreit, dann seid ihr wirklich frei."* (Johannes 8,34.36 Hfa)

Nur wenn er uns in seiner Hand hält – und wir uns halten lassen –, können wir diesem Teufelskreis entrinnen. Nur wenn Jesus unsere Motive und Gefühle verändert, unsere Gedankenwelt reinigt, können wir als wirklich freie Menschen leben.

Sehnen Sie sich nach dieser Befreiung? Wie viel ist Ihnen diese innere Freiheit wert?

Ich möchte Ihnen am Schluß dieses Kapitels von einem Menschen erzählen, der sich danach sehnte und sogar bereit war, sich dafür lächerlich zu machen. Ich meine den Zollbeamten Zachäus, dessen traurige und zugleich lustige Geschichte im Lukas-Evangelium nachzulesen ist (19,1-10):

Und er ging nach Jericho hinein und zog hindurch. Und siehe, da war ein Mann mit Namen Zachäus, der war ein Oberer der Zöllner und war reich. Und er begehrte, Jesus zu sehen, wer er wäre, und konnte es nicht wegen der Menge; denn er war klein von Gestalt. Und er lief voraus und stieg auf einen Maulbeerbaum, um ihn zu sehen; denn dort sollte er durchkommen.

Und als Jesus an die Stelle kam, sah er auf und sprach zu ihm: Zachäus, steig eilend herunter; denn ich muß heute in deinem Haus einkehren. Und er stieg eilend herunter und nahm ihn auf mit Freuden.

Als sie das sahen, murrten sie alle und sprachen: Bei einem Sünder ist er eingekehrt. Zachäus aber trat vor den Herrn und sprach: Siehe, Herr, die Hälfte von meinem Besitz gebe ich den Armen, und wenn ich jemanden betrogen habe, so gebe ich es vierfach zurück. Jesus aber sprach zu ihm: Heute ist diesem Hause Heil widerfahren, denn auch er ist Abrahams Sohn.

Denn der Menschensohn ist gekommen, zu suchen und selig zu machen, was verloren ist.

Warum war Zachäus wohl so scharf darauf, Jesus kennenzulernen? War es die Sehnsucht nach Befreiung von seiner Schuld und seinen Schuldgefühlen? Sehnte er sich nach einem neuen Anfang?

Auch heute kommt mancher zu der Überzeugung: „So wie bisher kann und will ich nicht weitermachen“, wenn er sich mit seinem Alltagstrott, seiner Sinnleere, seiner unbewältigten Vergangenheit oder seinem Doppelleben konfrontiert sieht. Vielleicht spüren auch Sie jetzt den Wunsch, einen Schlußstrich unter Ihrer Vergangenheit zu ziehen und ganz von vorn zu beginnen.

War es Zufall, daß Jesus gerade unter jenem Baum stehen blieb, auf dem sich der Oberzöllner versteckt hatte?

Jesus kannte Zachäus bereits, wußte um die Not, um die Sehnsucht dieses Menschen, denn für ihn war der einzelne immer wichtiger als die Masse. Jesus kennt auch Sie persönlich – Ihre Stärken und Schwächen, Ihre innere Not. Er interessiert sich für Sie. Und er wird Sie finden, wenn Sie sich von ihm finden lassen wollen.

Zachäus tut alles, um Jesus zu sehen. Er sucht nach einem Weg, ist kreativ. Er macht sich sogar lächerlich, aber die Begegnung mit Jesus ist ihm das alles wert!

Damit müssen auch Sie rechnen, wenn Sie sich als jemand zu erkennen geben, der Jesus sucht. Man wird Sie möglicherweise als altmodisch, rückständig, unwissenschaftlich ... abstempeln. Mancher wird Sie im stillen um Ihren Mut beneiden, die meisten aber werden Sie für nicht ganz gescheit halten – vielleicht sogar in der eigenen Familie! Jesus hat vorausgesagt: Wer mir nachfolgen will, muß damit rechnen, daß sich seine ganze Familie gegen ihn stellt. Aber weil es keine Alternative zu Jesus gibt, darum gibt es auch keine zu einem klaren, offenen JA zu ihm – mit allen Folgen!

Wo und wann sagte Jesus dem Zachäus, daß er ein Betrüger sei? Wo und wann machte ihm Jesus zur Auflage, daß er soundsoviel zu erstatten habe?

Nirgends! In der Gegenwart Jesu erkennt Zachäus sich selbst. Jesus ist aufgrund seiner Reinheit und Ehrlichkeit, Liebe und Selbstlosigkeit für den, der sich nach Befreiung sehnt, wie ein Spiegel. In diesem Spiegel sieht er, was in seinem Leben nicht in Ordnung ist. Aber in diesem Spiegel erkennt er gleichzeitig auch, wie Jesus ihn frei, rein, glücklich und brauchbar machen kann. Das ist auch heute noch so.

Wenn Sie sich wirklich nach Leben, nach Freiheit und Erfüllung sehnen, dann halten Sie sich an Jesus Christus. Suchen Sie ihn weiter, suchen Sie ihn persönlich! Er ist schon unterwegs zu Ihnen, denn er weiß um Ihren Wunsch, er kennt Ihre Sehnsucht nach einem Neubeginn. Lernen Sie ihn besser kennen, lesen Sie das, was von ihm und über ihn in seinem Wort steht.

Ich kann Ihnen Jesus nur wärmstens empfehlen, die Begegnung mit ihm kann Ihnen jedoch kein Mensch abnehmen. Ich kann Sie nur ermutigen, sich ganz auf

Jesus einzulassen. Kein Mensch braucht Ihnen zu sagen, was Sie zu tun oder zu lassen haben. Das wird Ihnen Jesus selbst deutlich machen. Wie bei Zachäus.

Eines kann ich Ihnen versprechen: Er wird Ihnen nichts wegnehmen, ohne Ihnen dafür tausendmal Besseres zu schenken! Darum haben Sie nichts zu befürchten, aber sehr viel zu gewinnen.

◆

Buchempfehlungen

Roberto Badenas, „Entscheidende Augenblicke", Advent-Verlag Lüneburg.

Wer Jesus gegenüberstand, erlebte den Wendepunkt seines Lebens. Nichts blieb, wie es war. Wie holte er die Menschen ab? Wie brachte er es fertig, ihnen die Last der Sorgen zu nehmen, ohne sie zu verurteilen? Was gab ihnen wieder den Mut, an Gott, das Leben und an sich selbst zu glauben? Wie konnte er auch dem letzten menschlichen „Wrack" seine Würde zurückgeben? Dieses Buch verbindet einen besinnlich-poetischen Text mit interessanten historischen und theologischen Sachinformationen. Es ist weniger das Ergebnis von vielen in Bibliotheken verbrachten Stunden, als vielmehr die Frucht einer persönlichen Begegnung mit Jesus Christus.

Clifford Goldstein, „Mach mal Pause: Sabbat!", Advent-Verlag Lüneburg.

Immer wieder heißt es heute: Keine Zeit! Das bleibt nicht ohne Auswirkungen auf unser Leben in Familie und Gesellschaft. Clifford Goldstein hat eine Lösung seines Zeitproblems gefunden, indem er sich auf eine Einrichtung aus grauer Vorzeit besann: den Sabbat. Was er über diesen weithin vergessenen Tag schreibt, das kann auch jedem anderen helfen, die Zeit – und manches andere – in den Griff zu bekommen.

6. Kapitel

Das Konto für das Leben danach

In der liechtensteinischen Hauptstadt Vaduz gibt es ein Treuhandunternehmen mit dem Namen „Prometh". 1995 gegründet, bietet diese Stiftung die weltweit einzige Chance, „sich selbst zu beerben", mit anderen Worten: ein Konto für das Leben danach einzurichten.

Wer zu Lebzeiten mindestens 200.000 Mark eingezahlt hat, kann nach seinem Tode, falls er als Mensch wieder auf die Erde zurückkehrt, über sein Kapital verfügen, zuzüglich Zinsen, abzüglich Forschungsgelder – vorausgesetzt, er wird von drei Therapeuten zweifelsfrei identifiziert. Holt nach 23 Jahren niemand das Geld ab, wird es an einen im Vertrag eingetragenen Dritten ausgezahlt.

Kunde dieser sonderbaren „Bank" kann natürlich nur werden, wer an die Reinkarnation (Wiederverkörperung) der Seele glaubt, also daran, daß der Mensch nach seinem Tod ein oder viele weitere Leben leben muß (oder darf). Da es sehr viele Varianten der Reinkarnationslehre gibt, muß der „Prometh"-Kunde natürlich daran glauben, daß er *als Mensch* wieder auf die Erde kommt, denn als Hund, Katze oder Schildkröte würde ihm sein „Konto für das Leben danach" nichts nützen.

Nach einer 1997 im Auftrag der Wochenzeitung „Das Sonntagsblatt" durchgeführten Emnid-Umfrage glaubt ein Viertel der Deutschen daran, daß es eine Reinkarnation (Wiederverkörperung) gibt:

Seelenwanderung, Reinkarnation, Wiederverkörperung: Diese Zauberformeln haben bei uns Konjunktur wie nie zu-

vor. Nicht mehr nur Geistesgrößen wie Goethe, Lessing, Lavater und Herder, nicht mehr nur Prominente vom Schlage Shirley MacLaines – längst ist eine steigende Zahl ansonsten völlig normaler Zeitgenossen davon überzeugt: Wir waren schon einmal auf der Erde, in früheren Leben. Vor allem aber: Vor uns liegen noch viele weitere Existenzen.

Im Schlepptau von New Age und Esoterik ist der Gedanke der Reinkarnation in den USA und Europa populär geworden. Etwa 20 Prozent der Bevölkerung in Deutschland, der Schweiz und Österreich interessieren sich dafür. 26 Prozent der vom Sonntagsblatt befragten Deutschen glauben an die Seelenwanderung. Und die Tendenz ist steigend. („Das Sonntagsblatt" vom 4. Juli 1997)

Weil so viele Deutsche daran glauben, wirbt Greenpeace mit folgendem Slogan um Spenden durch Vermächtnisse: „Wenn Du im nächsten Leben als Wal wiedergeboren wirst, wirst Du glücklich sein, Greenpeace in Deinem Testament bedacht zu haben."

Dem würden natürlich die Gründer der Stiftung „Prometh" entschieden widersprechen. Sprecher Bernhard Tremmel zum Thema: „Wir glauben nicht an die Rückwärtsentwicklung. Wer Mensch ist, wird mindestens wieder Mensch werden."

Neben den genannten Gruppierungen gibt es übrigens auch noch eine ganze Anzahl von Menschen, die nicht an die Reinkarnation (Wiederverkörperung) glauben, dafür aber an die Überwindung von Krankheit und Tod durch die Medizin: die sogenannten Kryonisten (griech. *kryos* = kalt).

Kryonisten lassen sich nach ihrem Tod einfrieren, und zwar in flüssigem Stickstoff bei minus 196 Grad Celsius – je nach finanziellen Möglichkeiten den ganzen Körper oder nur den Kopf, um sich eines Tages wieder auftauen zu lassen, wenn die Medizin Krankheit und Alter besiegt haben wird.

Anfang 1995 waren auf diese Weise insgesamt 40 Verstorbene bei verschiedenen Firmen kühl gelagert.

Eine dieser Firmen ist die „Alcor Life Extension Foundation" in Phoenix/Arizona. Sie wurde 1972 von dem Ehepaar Fred und Linda Chamberlain gegründet. Der Vater des Gründers war auch der erste „Kunde" dieser Firma. Seit 1976 ist er eingefroren, später kam die Mutter der Gründerin hinzu.

Die „Alcor Life Extension Foundation" verlangt für diese Dienstleistung zwischen 50.000 und 120.000 Dollar, die meistens per Lebensversicherung aufgebracht werden.

Eines Tages wird vielleicht auch der Kieler Computerprogrammierer Klaus Reinhard, 37, hinzukommen. Er zahlt lebenslang 324 Dollar jährlich an seine Lebensversicherung, um die 35.000 Dollar aufzubringen, die der Firma Alcor nach seinem Tod für das Einfrieren seines Kopfes zu überweisen sind.

Das Magazin „Focus" (6/95) veröffentlichte folgendes Interview mit ihm:

Focus: Herr Reinhard, Sie wollen sich den uralten Menschheitstraum der Unsterblichkeit erfüllen. Lieben Sie das Leben so sehr, oder haben Sie bloß panische Angst vor dem Tod?

Reinhard: Beides. Ich liebe das Leben, deshalb habe ich Angst vor dem Tod. Ich glaube weder an einen allmächtigen Gott, der uns wiederauferstehen läßt, noch an die Reinkarnation. Der Tod ist das absolute Ende. Deshalb versuche ich den Tod zu vermeiden.

Focus: Und zwar durch Kryonik, also Tiefkühlkonservierung des soeben verstorbenen Körpers. Wie soll das funktionieren?

Reinhard: Zusammen mit meinem Personalausweis trage ich ständig eine Notfallerklärung bei mir, mit meinem Wunsch, „daß mein Leichnam so bald wie möglich eingefroren wird". Ein Kieler Bestattungsinstitut wird mich gekühlt in die USA überführen, wo mich die Firma Alcor in flüssigem Stickstoff bei minus 196 Grad einfriert und lagert. Ich habe mich dabei für die preiswertere Variante entschieden, bei der mein Kopf zwischen dem fünften und sechsten Rückenwirbel abgetrennt und gelagert wird. Meinen Körper spendiere ich der Forschung.

Focus: Wann wollen Sie wieder aufgetaut werden?

Reinhard: US-Wissenschaftler sind sehr optimistisch und schätzen, daß die Medizin schon in hundert Jahren Krankheiten, Alter und Tod besiegt haben wird. Dann wird eine unbegrenzte Lebenserwartung eine Selbstverständlichkeit sein.

Focus: Wie kommt dann Ihr entfrosteter Kopf zu einem neuen, lebensfähigen Körper?

Reinhard: Eidechsen können heute bereits ganze Körperteile nachwachsen, wenn sie diese verlieren. In diese Richtung forscht die Medizin, um dies auch den Menschen zu ermöglichen. Mit solchen zukünftigen Techniken sollen nicht nur Schäden, die durch Krankheiten, Altern und Erfrieren entstanden sind, repariert werden. Man wird darüber hinaus in der Lage sein, den ganzen Körper nachwachsen zu lassen, von dem nur noch das Gehirn vorhanden ist, ähnlich wie beim Klonen.

Übrigens, das geklonte Schaf „Dolly" wurde auch aus zuvor eingefrorenen Zellen XY gezüchtet. Der Genetikexperte Patrick Dixon sagte nach Bekanntwerden dieser Tatsache, mit derselben Technik könne auch ein verstorbener Mensch kopiert werden. Voraussetzung sei, daß der Betreffende sofort nach seinem Ableben eingefroren werde oder ihm vorher Zellen entnommen worden seien. „Es wird möglich sein, jene zu reproduzieren, die dafür zahlen, ihre Körper tiefgefroren aufzubewahren – es ist nur die Methode des Einfrierens, die kritisch ist". So Dixon lt. „Evangelischer Presse Dienst" (epd) vom 28. Februar 1997.

Doch egal, ob Reinkarnation oder Wiederbelebung nach Einfrieren: Die entscheidende Frage ist grundsätzlicher Natur.

Gibt es ein Leben nach dem Tod?

Darüber hinaus tauchen weitere Fragen auf:

- Was ist von sogenannten Sterbeerlebnissen zu halten?
- Wo befinden sich die Verstorbenen?
- Ist es möglich, Kontakt mit ihnen aufzunehmen?
- Wie verträgt sich die Reinkarnationslehre mit den Aussagen der Bibel?
- Werden wir unsere verstorbenen Freunde und Angehörigen jemals wiedersehen?

Im Johannes-Evangelium wird uns eine Begebenheit überliefert, die wesentliche Aussagen zu einigen dieser Fragen enthält. Indem wir uns Abschnitt für Abschnitt damit beschäftigen, wollen wir nicht nur „theologische" Antworten suchen, sondern auch danach fragen, was uns die wesentlichen Aussagen dieses Berichts heute noch an Trost und Lebenshilfe vermitteln.

Es lag aber einer krank, Lazarus aus Betanien, dem Dorf Marias und ihrer Schwester Marta. Maria aber war es, die den Herrn mit Salböl gesalbt und seine Füße mit ihrem Haar getrocknet hatte. Deren Bruder Lazarus war krank. Da sandten die Schwestern zu Jesus und ließen ihm sagen: Herr, siehe, der, den du lieb hast, liegt krank. Als Jesus das hörte, sprach er: Diese Krankheit ist nicht zum Tode, sondern zur Verherrlichung Gottes, damit der Sohn Gottes dadurch verherrlicht werde. Jesus aber hatte Marta lieb und ihre Schwester und Lazarus. Als er nun hörte, daß er krank war, blieb er noch zwei Tage an dem Ort, wo er war; danach spricht er zu seinen Jüngern: Laßt uns wieder nach Judäa ziehen! (Johannes 11,1-7)

Verhält sich Jesus hier nicht unverständlich? Statt den Kranken sofort aufzusuchen (den er ja angeblich liebt), nimmt er sich viel Zeit! Am Ende der Geschichte werden wir verstehen, warum er so handelte.

„Am Ende der Geschichte" – in der Zwischenzeit kommen uns die Wege Gottes häufig rätselhaft und unverständlich vor; denn selten werden unsere Gebete sofort erhört – entweder weil es nicht das Beste für uns wäre, oder weil Gott etwas anderes (Besseres) mit uns vorhat. Das werden wir allerdings meistens erst „am Ende der Geschichte" erkennen.

... danach spricht er zu ihnen: Lazarus, unser Freund, schläft, aber ich gehe hin, ihn aufzuwecken. Da sprachen seine Jünger: Herr, wenn er schläft, wird's besser mit ihm. Jesus aber sprach von seinem Tode; sie meinten aber, er rede vom leiblichen Schlaf. Da sagte es ihnen Jesus frei heraus: Lazarus ist gestorben; und ich bin froh um euretwillen, daß ich nicht dagewesen bin, damit ihr glaubt. Aber laßt uns zu ihm gehen! (Johannes 11,11-15)

Jesus wartete so lange, daß Lazarus in der Zwischenzeit starb. Er sagte seinen Jüngern aber nicht: „Lazarus ist tot", sondern: „Lazarus *schläft*." Das heißt, Jesus vergleicht den Tod mit dem Schlaf. So unterschiedlich Schlafzimmer und Betten aussehen mögen: Im Schlaf ruht der Mensch von seiner Tagesarbeit. So unterschiedlich Grabstätte, Sarg oder Urne gestaltet sein mögen: **Im Tod ruht der Mensch von seinem Lebenswerk**.

Als Jesus kam, fand er Lazarus schon vier Tage im Grabe liegen. Betanien aber war nahe bei Jerusalem, etwa eine halbe Stunde entfernt. Und viele Juden waren zu Marta und Maria gekommen, sie zu trösten wegen ihres Bruders. Als Marta nun hörte, daß Jesus kommt, geht sie ihm entgegen; Maria aber blieb daheim sitzen. Da sprach Marta zu Jesus: Herr, wärst du hier gewesen, mein Bruder wäre nicht gestorben.

Aber auch jetzt weiß ich: Was du bittest von Gott, das wird dir Gott geben. (Johannes 11,17-22)

Marta hatte viel Respekt vor Jesus, vor allem aber großes Vertrauen. Sie war sehr offen zu ihm, machte ihm sogar einen Vorwurf: „Du kommst vier Tage zu spät!" Interessant: Jesus tadelt sie nicht wegen ihrer Offenheit, denn ihr Vertrauen war größer als ihre Enttäuschung. Sie traut ihm einfach alles zu (V. 22) – als hätte sie begriffen: **Gott kommt nie zu spät**!

Auch wir dürfen Gott gegenüber ganz offen sein, brauchen vor ihm unsere Gefühle nicht zu verbergen, denn er versteht uns – und sieht auch unser Vertrauen zu ihm.

Jesus spricht zu ihr: Dein Bruder wird auferstehen. Marta spricht zu ihm: Ich weiß wohl, daß er auferstehen wird – bei der Auferstehung am Jüngsten Tage. Jesus spricht zu ihr: Ich bin die Auferstehung und das Leben. Wer an mich glaubt, der wird leben, auch wenn er stirbt; und wer da lebt und glaubt an mich, der wird nimmermehr sterben. Glaubst du das? Sie spricht zu ihm: Ja, Herr, ich glaube, daß du der Christus bist, der Sohn Gottes, der in die Welt gekommen ist. (Johannes 11,23-27)

Der Tod hat nicht das letzte Wort: Jesus ist größer, er ist das Leben in Person, die Quelle des Lebens selbst. An Jesus glauben heißt, ihm völlig vertrauen, eine Beziehung der Liebe und der Treue zu ihm eingehen. Für den, der glaubt, ist der Tod kein dunkler Tunnel ohne Ausgang, keine Endstation.

Wie stark ist Ihr Vertrauen zu Jesus bereits? Davon hängt letztlich ab, wie Sie mit Leid, Krankheit und Tod fertig werden – am eigenen Leib und auch dann, wenn es die Menschen treffen sollte, die Ihnen am nächsten stehen!

Wieviel Kraft das Vertrauen zu Jesus Christus vermittelt, habe ich – zusammen mit meiner Mutter und meinem zwei Jahre jüngeren Bruder – erfahren, als mein Vater im Alter von 34 Jahren tödlich verunglückte. Ich war zwölf und stand unmittelbar daneben, als er während seiner Arbeit durch einen Stromschlag getötet wurde.

Es war eine harte Zeit für uns drei, und ich frage mich heute noch, wie wir diesen Schock ohne die Hoffnung auf die Auferstehung hätten bewältigen können. Das feste Vertrauen auf die Zusage Jesu bewog uns damals dazu, seine Worte auf die Grabplatte gravieren zu lassen: „Ich bin die Auferstehung und das Leben. Wer an mich glaubt, der wird leben, auch wenn er stirbt; und wer da lebt und glaubt an mich, der wird nimmermehr sterben." (Johannes 11,25)

Das Vertrauen und die Beziehung zu Jesus haben uns damals geholfen, den tiefen Trennungsschmerz zu bewältigen, ohne zu verbittern.

Vom Schlaf gibt es – in der Regel – ein Aufwachen. **Vom Tod gibt es *immer* ein Aufwachen**. Die Bibel nennt dieses Aufwachen „Auferstehung".

An dieser Stelle des biblischen Berichts kommt die andere Schwester des Lazarus, Maria, ins Spiel:

Als nun Maria dahin kam, wo Jesus war, und sah ihn, fiel sie ihm zu Füßen und sprach zu ihm: Herr, wärst du hier gewesen, mein Bruder wäre nicht gestorben. Als Jesus sah, wie sie weinte und wie auch die Juden weinten, die mit ihr gekommen waren, ergrimmte er im Geist und wurde sehr betrübt und sprach: Wo habt ihr ihn hingelegt? Sie antworteten ihm: Herr, komm und sieh es! Und Jesus gingen die Augen über. Da sprachen die Juden: Siehe, wie hat er ihn lieb gehabt! Einige aber unter ihnen sprachen: Er hat dem Blinden die Augen aufgetan; konnte er nicht auch machen, daß dieser nicht sterben mußte? Da ergrimmte Jesus abermals und kam zum Grab. Es war aber eine Höhle, und ein Stein lag davor. (Johannes 11,32-38)

Der Ausdruck „Jesus ergrimmte" bedeutet, er war zornig und zugleich tief bewegt, und zeigt uns: Jesus war ein Mensch wie wir – kein Superman, kein Roboter – und darum hatte er auch Gefühle wie wir. Er hatte Lazarus geliebt und liebte ihn immer noch. Er fühlte mit Marta und Maria, ihr Leid ließ ihn nicht kalt.

Macht Ihnen der Gedanke Mut, daß Ihr Leid, Ihr Weinen, Ihre Einsamkeit – und alles, was Ihr Herz bewegt – Jesus nicht gleichgültig lassen? **Gerade in scheinbar aussichtslosen Situationen**, wenn Sie meinen: Es geht nicht weiter! Ich schaffe es nicht!, **steht Ihnen Jesus am nächsten!**

Aber Jesu Weinen und sein Zorn hatten noch eine weitere Ursache: Ihm tat der Unglaube der anderen anwesenden Personen, der Zuschauer, weh. Sie vertrauten ihm nicht voll und ganz, so wie Marta und Maria. Er weinte auch, weil er wußte, wie es weitergehen würde: Mit dem, was er zu tun beabsichtigte, würde er sein eigenes Todesurteil unterschreiben, denn daraufhin beschloß die geistliche Führung Israels, Jesus zu töten (Johannes 11,53).

Da ... kam [Jesus] zum Grab. Es war aber eine Höhle, und ein Stein lag davor. Jesus sprach: Hebt den Stein weg! Spricht zu ihm Marta, die Schwester des Verstorbenen: Herr, er stinkt schon; denn er liegt seit vier Tagen. Jesus spricht zu ihr: Habe ich dir nicht gesagt: Wenn du glaubst, wirst du die Herrlichkeit Gottes sehen? (Johannes 11,38-40)

Martas Reaktion ist typisch menschlich: Kaum hat sie Jesus ihr Vertrauen bekundet, da ist sie schon wieder unsicher, weil die Sache konkret wird und Taten gefragt sind. Vielleicht hatte sie auch eine andere Vorstellung davon, wie Jesus dieses Problem lösen würde.

Auf jeden Fall ist Marta eine nüchterne Frau, die mit beiden Beinen fest auf dem Boden der Wirklichkeit steht. Nach vier Tagen ist menschlich gesehen nichts mehr zu machen – aber **Gott sprengt unsere Dimensionen!**

Vielleicht fragen Sie sich jetzt: Wie kann Gott jemand auferwecken, von dem nichts mehr übrig ist, weil er verbrannt, von wilden Tieren gefressen wurde oder Opfer einer Flutkatastrophe geworden ist? Die Frage ist verständlich, aber: Ist Gott etwa auf Materie angewiesen? Wichtig sind doch die „Personaldaten", die Persönlichkeitsmerkmale, und die kann Gott in seinem „Superrechner" spielend für die gesamte Menschheit speichern. Der auferstandene Mensch ist sowieso eine Neuschöpfung, also ein neues „Gehäuse", um beim Bild zu bleiben, in das die personenspezifischen Informationen, wie Charakter und Persönlichkeit, „überspielt" werden.

Die Frage ist nur, ob wir Gott dieses Wunder zutrauen.

Da hoben sie den Stein weg. Jesus aber hob seine Augen auf und sprach: Vater, ich danke dir, daß du mich erhört hast. Ich weiß, daß du mich allezeit hörst; aber um des Volkes willen, das umhersteht, sage ich's, damit sie glauben, daß du mich gesandt hast. Als er das gesagt hatte, rief er mit lauter Stimme: Lazarus, komm heraus! Und der Verstorbene kam heraus, gebunden mit Grabtüchern an Füßen und Händen, und sein Gesicht war verhüllt mit einem Schweißtuch. Jesus spricht zu ihnen: Löst die Binden und laßt ihn gehen! (Johannes 11,41-44)

Auch Jesus bewies sehr großes Vertrauen zu seinem Vater, als er sich im voraus bedankte. Er betete, und dann geschah das Wunder: Lazarus wachte aus dem Todesschlaf auf und trat aus dem Grab (einer Höhle, verschlossen mit einem runden Stein, den man zur Seite rollen konnte).

Und was erzählte der auferstandene Lazarus den Herumstehenden? Kein Wort! Es gibt weder einen „Augenzeugenbericht" aus der Hölle noch eine Beschreibung der Schönheiten des Himmels. Das Schweigen des biblischen Berichts bestätigt: Lazarus hat im Grab geruht, hat nichts wahrgenommen – weil er nirgendwo anders war als eben im Grab. So wie der (gesund) Schlafende seine Umgebung nicht wahrnimmt, bekommt der Tote nichts von dem mit, was um ihn herum geschieht. (Zum Glück! muß man da sagen, sonst fände er in den meisten Fällen wohl keine Ruhe!)

Wenden wir uns nun wieder den eingangs gestellten Fragen zu, um zu prüfen, welche von ihnen durch diesen Bericht des Johannes-Evangeliums bereits ganz oder zumindest teilweise beantwortet worden sind, und welche ergänzenden Antworten die Bibel uns darüber hinaus liefert.

Wo befinden sich die Verstorbenen?

Gemäß unzähliger Aussagen der Bibel – einschließlich der oben berichteten Begebenheit – gibt es darauf eine einzige und eindeutige Antwort: im Grab!

Nun herrschen allerdings auch unter religiös geprägten Menschen ganz andere Ansichten. Deshalb wollen wir zwei Möglichkeiten gedanklich durchspielen.

War Lazarus – wie wir annehmen – ein gläubiger Mensch, wäre er gemäß der in der christlichen Welt vorherrschenden Meinung im Himmel gewesen. Erster Einwand: Hätte er sich im Himmel richtig freuen können, wenn er von dort oben (oder von wo aus auch immer) hätte zusehen müssen, wie seine Schwestern und Freunde leiden? Zweiter Einwand: Wäre er im Himmel gewesen, was für einen „guten Dienst" hätte Jesus ihm damit erwiesen, indem er ihn wieder auf die Erde herunterholte, so daß er später noch einmal sterben mußte? Die Volksmeinung, „gute" Menschen kämen unmittelbar nach ihrem Tod in den Himmel, ist weder biblisch noch logisch!

Auch die zweite Möglichkeit ergibt keinen Sinn. Wäre Lazarus kein gläubiger Mensch gewesen und – nach volkskirchlicher Meinung – in die Hölle gekommen (was und wo das auch immer sein mag), wäre es unfair und ungerecht gewesen, wenn Jesus ausgerechnet ihn auf die Erde zurückgeholt und ihm dadurch eine zweite Chance der Umkehr gegeben hätte?

Ich vermute, viele unserer Mitmenschen haben einfach nicht gründlich genug darüber nachgedacht und auch nicht die Aussagen der Bibel zu diesem Thema gelesen, sonst wären sie von selbst auf diese Widersprüchlichkeiten gestoßen. Schließlich kennen sehr viele von ihnen doch das Glaubensbekenntnis, in dem es von Jesus Christus heißt, daß er in den Himmel aufgefahren ist, „von wo er kommen wird, zu richten die Lebenden und die Toten".

Wenn die gläubigen Verstorbenen schon im Himmel und die Ungläubigen bereits in der Hölle wären, wozu sollte Jesus dann noch wiederkommen, die Toten zu richten? Sie wären doch schon längst gerichtet!

Die Bibel zeigt deutlich, daß alle Toten – ob gläubig oder ungläubig – im Grab liegen und dort auf das Gericht, die letzte Entscheidung über Leben oder Tod, warten. Hierzu sei nur ein Textabschnitt (von vielen) zitiert: *Wundert euch nicht darüber! Der Tag wird kommen, an dem die Toten in ihren Gräbern die Stimme des Gottessohnes hören. Dann werden alle Menschen auferstehen: Die Gutes getan haben, werden ewig leben, die aber Böses getan haben, werden verurteilt.* (Johannes 5,28.29 Hfa)

Ich persönlich bin froh, daß es so ist! So brauche ich mir zum Beispiel nicht wegen meines Vaters den Kopf darüber zu zerbrechen, ob er nun leidet oder nicht, ob er „gläubig genug" war, um in den Himmel zu kommen, oder nicht, ob er irgend etwas von unseren Sorgen und Problemen mitbekommen hat oder nicht ...

Er ruht einfach im Grab – bis zur Auferstehung, die an dem Tag stattfinden wird, wenn Jesus Christus wiederkommt.

Ist es möglich, Kontakt mit den Toten aufzunehmen?

Nein, denn sie wissen nichts von dem, was um sie herum geschieht. Darum vergleicht Jesus den Zustand im Tod auch mit dem Zustand im Schlaf – ein Vergleich, der in der Bibel übrigens mehr als fünfzigmal vorkommt.

Hier ein anderes Wort, das dies bestätigt:

Denn die Lebenden wissen, daß sie sterben werden, die Toten aber wissen nichts; sie haben auch keinen Lohn mehr, denn ihr Andenken ist vergessen. Alles, was dir vor die Hände kommt, es zu tun mit deiner Kraft, das tu; denn bei den Toten, zu denen du fährst, gibt es weder Tun noch Denken, weder Erkenntnis noch Weisheit. (Prediger 9,5.10)

Wem begegnen dann Menschen bei sogenannten Geistererscheinungen? Wenn es nicht die im Grabe Ruhenden sind, um wen handelt es sich dann?

Nach dem biblischen Befund gibt es dafür zwei Erklärungen: Entweder sind es satanische Engel, also Dämonen, die die Menschen verführen wollen, oder es handelt sich um eigene (Wunsch-)Bilder, sogenannte Halluzinationen.

In den ersten Monaten nach dem Tod meines Vaters erzählte uns meine (gläubige) Großmutter, ihr Sohn würde ab und zu vorbeikommen und sie besuchen. Wie froh waren wir, meine Mutter und wir Kinder, darüber, daß wir von der Bibel her wußten: Das ist unmöglich! Ob uns Satan, Gottes Gegenspieler, verunsichern wollte, oder ob es sich lediglich um Phantasievorstellungen meiner Großmutter handelte, konnten wir nicht herausfinden, aber unser diesbezügliches

Bibelwissen bewahrte uns vor unnützem oder gar gefährlichem Grübeln.

Werden wir unsere verstorbenen Angehörigen und Freunde wiedersehen?

Ja, und zwar – wie Marta und Maria – bei der Auferstehung.

Wann wird diese stattfinden?

Marta spricht zu ihm: Ich weiß wohl, daß er auferstehen wird – bei der Auferstehung am Jüngsten Tage. (Johannes 11,24) „Am Jüngsten Tage", d. h. am Ende dieser Weltzeit, wenn Jesus Christus wiederkommt. Ich freue mich schon darauf, meinen Vater wiederzusehen, andere freuen sich sicher darauf, ihre Kinder in die Arme zu schließen. Das werden bewegende Augenblicke des Wiedersehens sein.

Wie verträgt sich die Reinkarnationslehre mit den Aussagen der Bibel?

Drei Annahmen müßten zutreffen, sollte es tatsächlich eine Reinkarnation geben:

- Die Annahme, daß die Seele ein eigenständiger Teil des Menschen ist.
- Die Annahme, daß die Seele getrennt vom Körper existieren kann.
- Die Annahme, daß die Seele unsterblich ist.

Alle drei Annahmen sind jedoch biblisch nicht haltbar!

- Die Bibel lehrt nicht, daß der Mensch eine Seele *hat*, sondern daß er eine Seele *ist*! So steht zum Beispiel im Schöpfungsbericht nicht, daß der von Gott geformte Adam eine Seele *bekam*, sondern daß er durch das Einhauchen des Lebensodems „eine lebende Seele" (hebr.), ein lebendiges Wesen *wurde* (1. Mose/ Genesis 2,7 EB).
- Die Bibel lehrt, daß der Mensch eine untrennbare Einheit ist, mit einer körperlichen, geistigen, seeli-

schen und geistlichen Dimension. Jahrhunderte bevor erstmals psychosomatische Zusammenhänge bekannt wurden, war in der Bibel schon von den Wechselbeziehungen zwischen der körperlichen und der seelischen Komponente des Menschen die Rede.

Die Annahme, daß die Seele getrennt vom Körper leben kann, hat einen griechisch-heidnischen Ursprung (Dualismus). Plato zum Beispiel lehrte, daß der Körper das Gefängnis der Seele sei und daß diese erst bei der Trennung vom Körper im Tod wahre Freiheit erlange. Leider fand dieser Gedanke bald Eingang ins Christentum, woraus sich dann im Laufe der Jahrhunderte andere unbiblische Lehren entwickelten, wie der Glaube an ein ewig brennendes Höllenfeuer, die Ansicht, die Seele gläubiger Verstorbener ginge sofort in den Himmel, oder die Annahme, man könne den Toten durch gute Werke oder durch das Lesen von Messen helfen.

- Daß der Mensch unsterblich sei, war die erste Lüge des Teufels, als er Adam und Eva dazu verführte, sich von Gott zu trennen (1. Mose/Genesis 3,4.5).

Die Bibel sagt sehr deutlich, daß der Mensch – weil in Sünde gefallen – sterben muß, und zwar in seiner Ganzheit, und nicht teilweise. Aber die Bibel zeigt genau so deutlich, daß es einen Ausweg aus dem „Teufelskreis" der Sünde und des Todes gibt – allerdings nicht durch Reinkarnation, sondern durch das Vertrauen zu Jesus Christus, dem Schöpfer und Erhalter des Lebens, der die Toten auferwecken wird.

Was ist von sogenannten Sterbeerlebnissen zu halten?

Dabei handelt es sich um Berichte von Menschen, die behaupten, nach einem Unfall oder einer Operation über dem OP-Tisch bzw. über der Unfallstelle geschwebt und das Geschehen von oben beobachtet zu haben.

Zwei Sterbeforscher haben sich sehr intensiv mit diesem Phänomen befaßt und solche Erlebnisse analysiert und gesammelt: die Psychiaterin Elisabeth Kübler-Ross, die aus Zürich stammt und in den USA lebt, und der Arzt Raymond A. Moody.

Beide berichten beispielsweise von Fällen, in denen klinisch Tote nach ihrer Wiederbelebung von einem Lichttunnel und der Begegnung mit einer freundlichen Lichtgestalt erzählt haben, und auch davon, daß es dort, wo sie waren, viel schöner sei als auf der Erde. Und sie zogen das Fazit: Sterben ist schön!

Was soll man nun davon halten?

Am Wichtigsten in diesem Zusammenhang erscheint mir die Feststellung, daß keine dieser Personen wirklich tot gewesen ist, denn sie alle wurden wiederbelebt und konnten somit erzählen, wie es war ... Wo denn? An der Schwelle des Todes, aber nicht dahinter!

Für diese Phänomene gibt es psychologische und medizinische Erklärungen (von ähnlichen Erlebnissen berichten auch Drogenabhängige) und gemäß der Heiligen Schrift handelt es sich bei den erwähnten Lichtgestalten um satanische Engel (vgl. 2. Korinther 11,14), die Menschen in falscher Sicherheit wiegen oder vom biblischen Glauben abzubringen versuchen.

Interessant ist in diesem Zusammenhang, was Frau Dr. Kübler-Ross in ihrem 1977 erschienenen Buch „Über den Tod und das Leben danach" (1986, 6. Aufl., S. 43) schrieb. Sie berichtet davon, daß ihr, als sie ihre Arbeit an Sterbenden aufgeben wollte, eine zehn Monate zuvor verstorbene Frau erschienen sei, die sie ermutigt habe, ihre Arbeit fortzusetzen. Jahre später schrieb sie dann: *Vor anderthalb Jahren wurde mir mitgeteilt, daß meine Arbeit mit Sterbenden nun abgeschlossen sei,* *da andere Leute sie jetzt fortsetzen könnten ... Meine eigentliche Aufgabe besteht darin – und darin benötige ich Ihre Mithilfe –, den Menschen zu sagen, **daß es keinen Tod gibt**. Es ist sehr wichtig, daß die Menschheit dieses weiß, denn wir stehen am Beginn einer sehr schwierigen Zeit, nicht nur für Amerika, sondern für den ganzen Planeten Erde.* (Hervorhebung vom Verfasser)

Die Worte „daß es keinen Tod gibt" erinnern mich spontan an die Aussage Satans im Paradies: „Ihr werdet keineswegs des Todes sterben" (1. Mose/Genesis 3,4).

Wird nicht hier recht deutlich, wer die Fäden zieht, um die Menschen zu verführen? Ich persönlich halte deshalb nichts davon, wenn manche Christen mit vermeintlichen Sterbeerlebnissen beweisen wollen, daß es ein Leben nach dem Tod gibt.

Werfen wir einen letzten Blick auf den Bericht von der Auferweckung des Lazarus: *Viele nun von den Juden, die zu Maria gekommen waren und sahen, was Jesus tat, glaubten an ihn.* (Johannes 11,45) Viele, nicht alle! Einige beschlossen daraufhin, ihn sogar zu beseitigen!

Ich habe im vierten Kapitel bereits darauf hingewiesen: **An Jesus Christus scheiden sich die Geister**. Für die meisten unserer Zeitgenossen ist es kein Problem, Jesus als guten Menschen anzuerkennen, der die beiden Schwestern tröstete. Allerdings: Trösten kann fast jeder. Nur einer – der Sohn Gottes – konnte nach vier Tagen zu dem Toten sagen: Lazarus, komm heraus! Und dennoch: Selbst Wunder sind kein zwingender Beweis, wenn es um den Glauben geht, denn Gott wird unseren freien Willen niemals übergehen oder gar vergewaltigen.

Kein Mensch wird einst im Reich Gottes sagen müssen: Ich wollte nichts mit dir zu tun haben. Ich liebe dich nicht. Aber du hast mich – durch Wunder, durch andere, mittels Angst ... – gezwungen, an dich zu glauben. Darum bin ich hier. Ich durfte nicht anders!

Die Entscheidung für oder gegen Gott wird vor dem Tod gefällt, und zwar von jedem einzelnen ganz persönlich!

Es widerspricht völlig den Aussagen der Heiligen Schrift, Menschen nach ihrem Tod in den Himmel „befördern" zu wollen – sei es dadurch, daß man für sie gute Werke tut, für sie betet, Messen lesen oder sich für sie taufen läßt.

Auch die erwähnten „Sterbeerlebnisse" sind – wie bereits erwähnt – kein Beweis für ein Leben über den Tod hinaus. Solche Erlebnisse können aus einem Menschen, der nichts von Gott wissen wollte, nicht plötzlich einen frommen Menschen machen.

Ich glaube daran, daß wir nach der Auferstehung unsere Lieben wiedersehen werden – beweisen kann ich es aber nicht. Ich glaube es, weil Jesus es gesagt hat. Ich vertraue ihm voll und ganz!

Wie er das schaffen wird, ist auch mir ein Rätsel. Aber letztlich kann ich auch nicht erklären, wie ein Mensch Tausende von Daten auf einem so kleinen Speichermedium wie einer Computer-Festplatte unterbringen kann. Und dennoch arbeite ich täglich damit!

Glauben hat immer mit Vertrauen zu tun. **Vertrauen aber kann man nicht erzwingen**. Darum ist es falsch, Menschen zum Glauben zu drängen – ob man dazu sanften Druck ausübt, Angst einflößt (zum Beispiel vor einem „Höllenfeuer") oder sie mit falschen Versprechungen wie finanziellem Wohlergehen, Gesundheit usw. lockt.

Vertrauen aufbauen, das braucht Zeit, das schafft man nicht von heute auf morgen. Darum ist wichtiger noch als die Frage: Was geschieht nach dem Tod? eine andere, nämlich: Was mache ich *vor* dem Tod?

Was mache ich vor dem Tod mit Gott? Wie steht es um meine Beziehung zu ihm? Gibt es diese Beziehung überhaupt?

Entscheidend ist das Leben davor!

Ohne den lieben Gott mag das Dasein in unserer Zeit der Ellenbogen manchem einfacher erscheinen, solange alles glatt läuft. Aber findet er ihn dann, falls die Zeit kommt, da er ihn einmal benötigt? (Claus Jacobi, Chefredakteur der „Welt am Sonntag")

Würden 24 Stunden reichen, um Gott zu finden und eine Vertrauensbeziehung zu ihm aufzubauen? Was würden Sie tun, wenn Sie nur noch einen Tag zu leben hätten?

Vor etwa zehn Jahren haben 530 Jugendliche im Alter zwischen 15 und 20 Jahren im Rahmen des Religionsunterrichtes diese Frage anonym beantwortet.

Hier einige Kostproben:

Ich würde meinen Trieben freien Lauf lassen. Ich betränke mich sinnlos und knackte einen Wagen, einen richtig großen Schlitten. Dann würde ich mein gesamtes Vermögen abheben und nach Hamburg fahren. In den verrufensten Vierteln würde ich mein Unwesen treiben ... (18 Jahre)

Ich werde von meinen Eltern ziemlich streng erzogen, und so würde ich ... mein Elternhaus verlassen und zunächst meine Stammkneipe aufsuchen. Am letzten Tag meines Lebens würde ich jegliche moralischen Prinzipien sausen lassen und ohne Rücksicht alles machen, was ich sonst aus Vernunftgründen nicht getan hätte ... (15 Jahre)

Ist das nicht traurig? Da haben zwei junge Menschen den Eindruck, nicht richtig gelebt zu haben, und wollen in wenigen Stunden alles nachholen, was sie bisher verpaßt haben oder was ihnen verboten war: Sex und Rausch!

Es gab aber auch ganz andere Antworten:

Ich würde alle meine Freunde und die mir liebgewordenen Verwandten einladen ... und mit ihnen einen Gottesdienst feiern, einen Lob- und Dankgottesdienst zu Gottes Ehren. (16 Jahre)

Diese Antwort empfand ich als besonders schön. Ich könnte mir vorstellen, selbst etwas Ähnliches zu tun, um auf diese Weise der Trauer vorzubeugen. So würde ich mich bei Gott und den Menschen bedanken, die meinem Leben Sinn und Tiefe gegeben haben.

Eine letzte Antwort:

Ich würde mein Leben so weiterführen wie bisher ... Denn ich brauche keine Angst vor dem Tod zu haben ... Jesus hat mir meine Schuld vergeben. Deshalb kann ich befreit und mit Freude sterben. (17 Jahre)

Könnten Sie das von sich sagen? Könnten auch Sie „schuldenfrei" sterben – nicht im Blick auf Ihr Konto, sondern im Blick auf Ihre Eltern bzw. Kinder, auf Ihren Partner, auf Gott?

Befreit und mit Freude sterben können nur diejenigen, die sich schon heute, da der Tod – menschlich gesprochen – noch nicht in Sicht ist, ihre Schuld von Gott vergeben lassen und sich von ihm Kraft zum Leben und zum Lieben holen, weil sie sich selbst geliebt und angenommen wissen.

Frau Dr. Kübler-Ross, die bereits zitierte Sterbeforscherin, wartet inzwischen selbst auf ihren Tod. Sie hat ein halbes Dutzend Schlaganfälle gehabt, lebt allein, hat keine Freunde. Der „Spiegel" (39/97) veröffentlichte vor einiger Zeit ein Interview mit ihr, aus dem ich hier auszugsweise zitiere (Hervorhebungen von mir).

SPIEGEL: Wünschen Sie sich zu sterben?

Kübler-Ross: Seit zweieinhalb Jahren wünsche ich mir jeden Abend, daß dieses die Nacht meines Todes sein wird. Ich wäre begeistert. Mein Zustand ist weder leben noch sterben. Ich stecke irgendwo in der Mitte fest. ***Aber ich weiß, daß ich***

***erst sterben kann, wenn ich mich selbst liebe. Aber das kann ich nicht. Ich hasse das leidenschaftlich** ... Als Kind wurde ich immer nur geliebt, wenn ich wie ein Berserker arbeitete. So bin ich aufgewachsen. **Also bemesse ich meinen Wert daran, welche Arbeit ich leiste. Und weil ich nichts mehr arbeiten kann und wie ein Dummy herumsitze, bin ich auch keinen Pfennig mehr wert**.*

SPIEGEL: An dieses Konzept glauben Sie doch offenbar nicht.

Kübler-Ross: Mein Kopf weiß, daß es falsch ist, aber mein Herz und meine Seele glauben daran. Ich habe in meiner Kindheit gelernt, daß Selbstliebe egoistisch ist. Und wenn mir hundert Leute das Gegenteil sagen – es nützt nichts. Das ist die Tragödie des Alterns, wenn man so aufgezogen wurde.

SPIEGEL: Denken Sie, daß Sie ein erfülltes Leben gehabt haben?

Kübler-Ross: Ach, ich könnte mir ein viel, viel besseres Leben vorstellen.

*SPIEGEL: **Was hat denn gefehlt**?*

*Kübler-Ross: **Liebe! Echte, ursprüngliche, authentische Liebe!***

Welch eine Tragik! Eine Frau, die – ungeachtet ihrer Auffassung über das Leben nach dem Tod – jahrzehntelang andere Menschen beim Sterben begleitet hat, stirbt selbst einsam und muß zugeben, daß ihr zwei der wichtigsten Dinge gefehlt haben: echte Liebe und die Fähigkeit, sich selbst lieben zu können.

Sie können sich diese traurige Erfahrung ersparen, denn noch ist es Zeit – Zeit, wahre, authentische Liebe zu empfangen, von dem, der selbst die Liebe ist. Und noch ist es nicht zu spät, zu lernen, daß Sie Ja zu sich selbst sagen können – unabhängig von Ihrer Leistung, Ihrem Wissen, Ihrem Können –, weil ein Größerer, Gott selbst, am Kreuz von Golgatha zu Ihnen Ja gesagt hat und auch heute noch Ja sagt.

Ich lade Sie ein, für den Rest Ihres Lebens, wie kurz oder lang es auch sein mag, Gott zu vertrauen. Um den Tod und das Danach brauchen wir uns nämlich keine Sorgen zu machen, wenn wir das Leben mit dem teilen, der gesagt hat: „Ich bin die Auferstehung und das Leben. Wer mir vertraut, wird ewig leben."

Peter Hahne hat treffend formuliert, worauf es letztlich ankommt: „Wer auf Jesus Christus setzt, der hat sein Leben auf Ewigkeit programmiert. Wer weiß, wem die letzte Stunde gehört, der braucht den nächsten Augenblick nicht zu fürchten."

◆

Buchempfehlung

Mark Finley/Steven Mosley, „Licht am Ende des Tunnels?", Advent-Verlag Lüneburg.

Seit jeher steht der Mensch dem Tod hilflos gegenüber. Deshalb hören es die Leute gern, wenn man ihnen sagt, daß sie beim Sterben zwar einen dunklen Tunnel durchqueren müssen, dann aber in eine wunderschöne, strahlende Lichtwelt aufgenommen werden. Ist das wahr? Was geschieht wirklich, wenn der Mensch stirbt? Gibt es eine Quelle, aus der sich zuverlässige Informationen über das Sterben und den Tod schöpfen lassen? Die Autoren gehen solchen und ähnlichen Fragen nach und bieten Antworten an.

7. Kapitel

Was kommt nach dem Euro?

Das Jahr 2000 steht vor der Tür und sorgt für allerlei Spekulationen. Was erwartet uns im dritten Jahrtausend? Was wird sich auf der Bühne der Europapolitik, was auf der Bühne der Weltpolitik abspielen? Wird sich etwas in meinem Leben verändern? Werden sich die Chancen erhöhen, daß meine Träume und Erwartungen in Erfüllung gehen?

Die Frage nach der Zukunft bewegt jeden Menschen. Auch Christen denken gern darüber nach, denn sie freuen sich auf die Erfüllung der Zusagen, die Gott gegeben hat. Wird es noch lange dauern, bis er seine Pläne für die Menschheit verwirklicht? Müssen wir möglicherweise noch ein paar tausend Jahre darauf warten? Diese Frage ist nicht unwichtig für einen Menschen, der im Begriff ist, eine Beziehung zu Gott aufzubauen. Es ist verständlich, daß er sich danach sehnt, bald denjenigen persönlich – also sichtbar, hörbar, fühlbar – kennenzulernen, den er bis heute nur aus den Berichten der Bibel und aus den Worten und dem Leben Jesu kennt.

Mit der Zukunft befassen sich die letzten zwei Kapitel dieses Buches. Wir steigen dazu in ein Thema ein, das zur Zeit viele Gemüter bewegt – nicht zuletzt weil es mit unserem Geld zusammenhängt:

Baustelle „Europäisches Haus"

Auf der Baustelle „Europäisches Haus" wird kräftig gearbeitet. Wenn dieses Buch erscheint, wird nach dem

„Kassensturz“ am 1. Mai 1998 bekannt sein, welche Staaten gleich zu Beginn in dieses „Haus“ einziehen dürfen. Außerdem wird die Festlegung der bilateralen Wechselkurse erfolgt sein.

Interessant ist, daß die Schweiz nun doch der EU beitreten möchte, und daß sogar Rußland in die Euro-Zone drängt. Nach einer Umfrage der Züricher „Sonntags-Zeitung“ (Januar 1998) sprechen sich nunmehr 63,3 Prozent der Eidgenossen für einen baldigen Beitritt zur Union aus, nachdem jahrelang die Gegner die Oberhand gehabt hatten.

Wenn am „Bauplan“ nichts geändert wird, soll der Euro ab dem **1. Januar 1999** eine eigenständige Währung werden. Zu diesem Zeitpunkt übernimmt außerdem die Europäische Zentralbank die Zuständigkeit für die Geldpolitik. Ab dem **1. Januar 2002** soll der Euro dann gesetzliches Zahlungsmittel werden, der Umtausch der Landeswährungen in Euro-Banknoten und -Münzen beginnt.

Wichtiger noch als die Anzahl der „Mieter“ und der „Einzugskalender“ ist aber die Frage nach dem Fundament des Europäischen Hauses. Anders formuliert: Ist die Europäische Währungsunion das abschließende „Dach“ der europäischen Einheit oder eher ihr Fundament?

Hierzu kommentiert Winfried Münster in der „Süddeutschen Zeitung“ vom 17. September 1997: Die hitzigen Debatten um den Euro rühren u. a. daher, daß „der Europäischen Währungsunion entgegengesetzte Ziele gesteckt worden sind. Sie soll außen-, insbesondere europapolitische Probleme lösen und gleichzeitig stabiles Geld hervorbringen. Das geht nicht [...] Stabiles Geld von einer Währungsunion, in der unverändert der eine Teilnehmer hü, der andere hott befehlen möchte, wäre ein glücklicher Zufall.“

Wird die Europäische Währungsunion die in sie gesetzten Hoffnungen erfüllen können? Wird der Euro tatsächlich eine starke, dem Dollar Paroli bietende Währung werden und es auch bleiben? Wird es sich für die Teilnehmerstaaten auszahlen, auf einen der wichtigsten Teile staatlicher Souveränität verzichtet zu haben? Was kommt nach dem Euro?

Die Antwort steht in den Sternen!?

Es wäre gut, wenn jemand den Schleier lüften könnte, so daß wir alle, besonders aber Geschäftsleute, Aktionäre, Wirtschaftsunternehmen und Politiker, erfahren würden, was die Zukunft bringt.

Ob uns die Sterne weiterhelfen?

Viele Menschen suchen Antwort auf Zukunftsfragen in der Astrologie. Jeder zweite Deutsche glaubt an die Macht der Sterne. Selbst Politiker und Manager fragen vor wichtigen Entscheidungen ihre Astrologen: Die Star-Astrologin Elizabeth Teissier hat eigenen Angaben zufolge dem früheren, 1996 verstorbenen französischen Präsidenten François Mitterrand jahrelang die Sterne gedeutet. Vor wichtigen Entscheidungen habe er sich bei ihr telefonisch Rat geholt.

Unter der esoterischen Literatur sind besonders die Ratgeber gefragt, die sich astrologischer oder sonstiger okkulter Techniken bedienen, um den Schleier der Zukunft zu lüften. Dazu gehört zum Beispiel das „Praxisbuch Mond", dem man entnehmen kann, welche Vorhaben bei welchen Mondkonstellationen günstig sind.

Wer sich allerdings – und sei es auch nur spaßeshalber – der Astrologie oder der Wahrsagerei anvertraut, kann leicht in die Arme des Okkultismus geraten. Dort wird er allerdings nicht befreiende Orientierung finden, sondern genau das Gegenteil: angstauslösende Abhängigkeit!

Zuverlässig und ungefährlich: biblische Prophetie

Um uns Menschen vor diesen Irrwegen zu bewahren, hat Gott bestimmte, weltgeschichtlich bedeutende Entwicklungen lange im voraus ankündigen lassen. Diese Ankündigungen sind in den prophetischen Teilen der Bibel enthalten. Propheten sind Menschen, die von Gott durch Träume oder Visionen Einblicke in zukünftige Ereignisse erhalten.

Mehrmals im Laufe der Weltgeschichte standen Astrologen und andere Zukunftsdeuter biblischen Propheten gegenüber. Jedes Mal mußten die Astrologen eine Niederlage einstecken, während die Propheten mit ihren Deutungen oder Ankündigungen recht behielten.

So geschah es auch einmal im alten Babylon.

König Nebukadnezar (regierte 604-562 v. Chr.) befand sich auf dem Höhepunkt seiner Macht. Mit der Eroberung Ägyptens, Syriens, Palästinas und anderer Länder avancierten die Babylonier unter seiner Führung zur Weltmacht.

Damals bewegten Nebukadnezar viele Fragen:

- Wird es mir gelingen, diese so unterschiedlichen Völker zusammenzuhalten?
- Werden politische Maßnahmen allein genügen, um die Einheit meines Reiches zu wahren?
- Wie lange wird Babylon bestehen?
- Wird es das letzte Weltreich sein, oder wird es durch eine andere Weltmacht abgelöst werden?

Ein vergessener Traum

Diese Fragen beschäftigten Nebukadnezar so intensiv, daß er eines Nachts einen Traum hatte, an den er sich allerdings am folgenden Morgen nicht mehr erinnern konnte. Wie sich später herausstellte, kam dieser Traum von Gott.

Nun waren die Babylonier nicht nur für ihr astronomisches und mathematisches Wissen bekannt – auch Astrologie und magische Praktiken spielten im damaligen öffentlichen Leben eine wichtige Rolle. Deshalb rief Nebukadnezar seine Priester, Astrologen und Berater zu sich. Doch diese konnten ihm nicht helfen. Sie wollten zunächst den Traum von ihm erfahren, um ihn dann anschließend zu deuten. Aber genau das war ja der springende Punkt: Nebukadnezar hatte den Inhalt des Traumes völlig vergessen!

Alle Wahrsager mußten gestehen: Was der König fordert, kann kein Mensch erfüllen – auch nicht Wahrsager oder Sterndeuter. Nur die Götter, die nicht bei den Menschen wohnen, sind dazu in der Lage.

Das wirkte auf den König wie ein Offenbarungseid! Schlimmer als die Blamage aber war für die Priester, Astrologen und Berater das drohende Todesurteil: Da sich Nebukadnezar nun jahrelang hinters Licht geführt fühlte, wollte er sie alle hinrichten lassen.

Da trat im letzten Augenblick der jüdische Prophet Daniel auf. Er gehörte zur Oberschicht seines Landes und war mit anderen jungen Männern nach der Zerstörung Jerusalems nach Babylon deportiert worden, um dort nach entsprechender Ausbildung in den Dienst Nebukadnezars zu treten.

Zunächst gab Daniel den babylonischen Zukunftsdeutern recht, als er sagte: *Das Geheimnis, nach dem der König fragt, vermögen die Weisen, Gelehrten, Zeichendeuter und Wahrsager dem König nicht zu sagen. Aber es ist ein Gott im Himmel, der kann Geheimnisse offenbaren. Der hat dem König Nebukadnezar kundgetan, was in künftigen Zeiten geschehen soll.* (Daniel 2,27.28)

Und dann begann er, Nebukadnezar nicht nur den vergessenen Traum zu erzählen, sondern diesen auch zu deuten.

Gott hatte Nebukadnezar eine überdimensionale Statue gezeigt, deren goldener Kopf das Babylonische Weltreich darstellen sollte. Das mußte Nebukadnezar natürlich mit Zufriedenheit erfüllen: Sein Reich war der Kopf, dazu noch aus purem Gold!

Alles, was wir aufgrund archäologischer Ausgrabungen und historischer Quellen über die Hauptstadt des Babylonischen Reiches wissen (man denke nur an das Ischtar-Tor im Pergamon-Museum, Berlin), bestätigt die Größe und Schönheit Babylons.

Nun bewegte ihn die Frage: Wie geht es weiter mit meinem Reich? Wird es lange Bestand haben? Was kommt danach?

Durch den Traum und dessen Deutung erfuhr er:

Das Babylonische Weltreich wird nicht ewig bestehen, sondern von anderen Reichen abgelöst werden, in der Statue symbolisch dargestellt durch

- die Brust aus Silber,
- die Lenden aus Kupfer
- und die Beine aus Eisen.

Diese Weltreiche würden durch abnehmende Wertigkeit und Macht (vom Gold zum Eisen) gekennzeichnet sein, gleichzeitig aber eine zunehmende Härte und Unnachgiebigkeit an den Tag legen.

Nach einer Folge von vier Reichen sollte es keinem Volk mehr gelingen, sich dauerhaft als globale Weltmacht zu behaupten. Alle Bestrebungen in diese Richtung würden scheitern – dementsprechend bestanden die Füße der Statue aus einem Gemisch von Eisen und Ton.

Gegen Ende des Traumes geschah allerdings etwas Unerwartetes:

Das sahst du, bis ein Stein herunterkam, ohne Zutun von Menschenhänden; der traf das Bild an seinen Füßen, die von Eisen und Ton waren, und zermalmte sie. Da wurden mitein-

ander zermalmt Eisen, Ton, Kupfer, Silber und Gold und wurden wie Spreu auf der Sommertenne, und der Wind verwehte sie, daß man sie nirgends mehr finden konnte. Der Stein aber, der das Bild zerschlug, wurde zu einem großen Berg, so daß er die ganze Welt füllte. (Daniel 2,34.35)

Das heißt: Die Menschheitsgeschichte endet nicht mit einem Friedensreich, auch nicht mit einem Weltkrieg oder in einer atomaren Katastrophe, sondern durch das Eingreifen Gottes, der eine neue Ära einleiten wird – im Traum dargestellt durch einen Stein, der die Statue zerstört und zu einem Berg heranwächst.

Die Geschichte bestätigt den Traum

Es läßt sich unschwer überprüfen, inwieweit dieser Traum in Erfüllung gegangen ist:

- Babylon wurde abgelöst vom Medo-Persischen Reich unter Kyros und Darius und deren Nachfolgern.
- Dann folgte Griechenland unter der Herrschaft von Alexander dem Großen.
- Nach dem Zerfall Griechenlands entstand infolge der sogenannten „Diadochenkämpfe" das Römische Reich.
- Im Jahre 476 n. Chr. zerfiel das „eiserne" Römische Reich.

Und was kam danach? Das, was wir heute vor uns haben: ein zerteiltes Europa, eine zerteilte Welt – exakt das, was Gott durch Daniel voraussagte (Daniel 2,41-43): *Daß du aber die Füße und Zehen teils von Ton und teils von Eisen gesehen hast, bedeutet: das wird ein zerteiltes Königreich sein.* Das heißt: Es gibt keinen einheitlichen Staat mehr, der die ganze Welt beherrschen wird. Die Teilung bleibt.

Und daß die Zehen an seinen Füßen teils von Eisen und teils von Ton sind, bedeutet: zum Teil wird's ein starkes und zum Teil ein schwaches Reich sein. Das heißt: Bis zum

Ende der Weltgeschichte werden starke und schwache Nationen nebeneinander bestehen.

Und daß du gesehen hast Eisen mit Ton vermengt, bedeutet: sie werden sich zwar durch Heiraten miteinander vermischen, aber sie werden doch nicht aneinander festhalten, so wie sich Eisen mit Ton nicht mengen läßt. Das heißt: Es gibt viele Einigungsversuche, die jedoch nicht von Dauer sein werden.

Was für eine treffende Vorausschau der Geschichte:

- Zuerst zerfiel das Römische Reich durch die germanische Völkerwanderung in viele verschiedene Reiche.
- Später brach der gnadenlose Machtkampf zwischen Kaiser und Papst aus.
- Einigungsbemühungen auf europäischem Boden, etwa eine geschickte Heiratspolitik oder auch die Bestrebungen von Karl V., Ludwig XIV., Napoleon und Hitler scheiterten.

Warum beschäftigen wir uns aber gerade heute so ausführlich mit einem Traum, der mehr als 2.500 Jahre alt ist? Zum einen deshalb, weil dieser Traum ein faszinierendes Beispiel für die Zuverlässigkeit der Bibel und der biblischen Prophetie ist. Wer zu Astrologen oder Kartenlegern geht oder sich Hilfe vom Horoskop erhofft, wird früher oder später in seelische Abhängigkeiten geraten und Schiffbruch erleiden. Menschen, die sich aus der Bibel Kraft für heute und Orientierung für morgen holen, beziehen ihr Wissen und ihre Weisheit dagegen von dem, der das Ruder der Menschheit in der Hand hält und auch bereit ist, unser kleines Lebensschiff so zu steuern, daß wir den „Zielhafen" unbeschadet erreichen.

Zum anderen beschäftigen wir uns mit diesem Traum, weil er eine wichtige Antwort auf die Titelfrage dieses Kapitels „Was kommt nach dem Euro?" enthält.

Wiederholt sich die Geschichte?

Nebukadnezars Sorge war verständlich, finden Sie nicht auch? Sein Leben hatte er dem Aufbau und der Ausweitung seines Reiches gewidmet. Das große Babylon war die Krönung seines Lebenswerkes. Stolz blickte er auf jedes der beeindruckenden Bauwerke, auch auf die berühmten hängenden Gärten, die er für seine Frau hatte anlegen lassen. Er war so stolz darauf, daß sogar jeder Ziegelstein – sozusagen als „Markenzeichen" – seinen Namen trug. Und nun beschäftigte ihn die Frage: Was wird nach meinem Tod aus meinem Lebenswerk? Hat sich der Einsatz gelohnt? Wie geht es weiter?

Heute befinden wir uns an einer ganz anderen Stelle der Statue: nicht am Kopf, sondern an den Füßen. Aber die Frage bleibt die gleiche:

Viele bauen am „Europäischen Haus", also an der Einigung dieser Füße (obwohl dadurch sicher nicht nur das geteilte Europa symbolisiert wird, sondern die geteilte Welt), allen voran deutsche und französische Politiker. Einer unter ihnen mag sogar – ähnlich wie Nebukadnezar – tiefe Genugtuung empfinden, wenn er über „seine" Leistung nachdenkt: Ist das nicht das schöne Deutschland, das ich vereinigt habe?

Diesen Politiker – und sicher auch viele andere – beschäftigen eine Menge Fragen:

- Werden eines Tages tatsächlich alle Bewohner des ersten Kontinents (über 800 Millionen aus inzwischen mehr als 40 Ländern) unter einem gemeinsamen Dach wohnen? Und falls es so weit kommen sollte:
- Wie lange wird dieses Haus, an dem wir bauen, wohl halten?
- Wird es zu einer Weltmacht heranwachsen, die den Vereinigten Staaten ebenbürtig ist oder sie am Ende sogar übertrumpft?

- Oder wird es eines Tages zusammenbrechen – wie ein Kartenhaus?

Daniel spricht in seiner Deutung des Traumes auch von Einigungsbemühungen: *Und daß du gesehen hast Eisen mit Ton vermengt, bedeutet: sie werden sich zwar durch Heiraten miteinander vermischen, aber sie werden doch nicht aneinander festhalten, so wie sich Eisen mit Ton nicht mengen läßt.*

Einige der diesbezüglichen Versuche haben wir bereits genannt. Jetzt kommt – ganz aktuell – ein weiterer hinzu: Der ökonomische Versuch der Einigung Europas durch die Europäische Währungsunion.

Zur Einheit durch den Euro?

Interessant, wie der Bundesverband deutscher Banken diese Frage beantwortet: *Mit der Währungsunion wird der Zusammenschluß Europas weiter gestärkt [...] Eine stabile gemeinschaftliche Währung stärkt Europa und verbessert die Chancen der europäischen Wirtschaft gegenüber den Wirtschaftsgiganten USA und Japan.*

Bei einer hochkarätig besetzten Europa-Debatte Ende 1997 in Paris prophezeite Ex-Kommissionspräsident Jacques Delors: Der Euro wird „die Startrampe zur politischen Einigung sein". Und Frankreichs Ex-Außenminister François Poncet überlegte gar, ob Europa durch den Euro zur Weltmacht werden könnte.

Peter Schmalz zieht in der Tageszeitung DIE WELT vom 16. Dezember 1997 folgendes Fazit:

Noch bevor die erste Münze ausgegeben ist, scheint der Euro beladen mit Hoffnungen und Erwartungen. Was der Politik bislang nur unzureichend gelang, soll die Währung meistern: ein Europa der Europäer schaffen.

Ist der Euro vielleicht der letzte Versuch, der Vorhersage in Nebukadnezars Traum zu trotzen, nachdem alle anderen Versuche mißlungen sind?

Was versteht man eigentlich unter „Einheit"?

Gemäß Nebukadnezars Traum kann es zu einer echten Einheit gar nicht kommen, denn eine Mischung aus Ton und Eisen wird nie eine Einheit bilden!

Das „Europäische Haus" mag groß werden, wenn nach der Osterweiterung vielleicht auch die Türkei und eines Tages sogar Rußland einziehen – aber Größe ist nicht zu verwechseln mit Stärke!

Unter der Überschrift „Die EU – größer, aber schwächer", schreibt Winfried Münster in einem Kommentar der „Süddeutschen Zeitung" vom 26. November 1997:

... Dennoch aber verstärkte sich in jedem Partnerstaat, vor allem in Deutschland, das Gefühl, die Gemeinschaft sei nicht mehr zu gestalten. Niemand habe mehr kreativen Einfluß, sie treibe ziellos dahin. Der Vertrag von Amsterdam belegt dies. Mangels Einigungsfähigkeit sagt er nichts mehr aus ... Die EU hat schon jetzt nicht mehr die Kraft, sich so zu reformieren, daß sie auch mit 25 statt 15 Staaten beschlußfähig bliebe.

Ihre Osterweiterung wird die Union nicht nur ideell, sondern auch materiell nicht mehr verkraften. Sie hat sich in ihrer nun fast 40jährigen Geschichte bereitwillig von ihrem Financier Deutschland abhängig gemacht. Aber der kann und will nun nicht mehr, und ein Nachfolger ist nicht in Sicht ...

Und was ist mit der Währungsunion? Verwandelt sich die EU also in einem Euro-Bund der Zehn oder Elf mit dem Dekor einer Freihandelszone von 14 oder 15? Die Hüter der Integration haben ohnehin schon ein Mehrklassen-Europa konzipiert ...

Von einer geschlossenen Einheit kann wohl kaum die Rede sein, wenn schon von vornherein ein Mehrklassen-Europa geplant wird. Bei einem Mehrklassen-Europa aber sind Spannungen und Kämpfe vorprogrammiert! Noch ist die Einheit bzw. Pseudo-Einheit nicht gelungen, da warnen Politiker schon vor der Spaltung. Beim Amsterdamer EU-Reform-Gipfel (Dezember 1997) wurde die „Flexibilitäts-Klausel“ beschlossen:

Die „Flexibilitäts-Klausel“ erlaubt es denen, die wollen und können, sich rascher auf bestimmten Gebieten zusammenzutun; die Zögernden müssen nicht mitmachen, können nicht blockieren, dürfen aber jederzeit später dazustoßen ...

Die Kritiker der Klausel dagegen warnen weiter vor einer Selbstzerstückelung der EU, bei der am Ende in vielen kleinen Zirkeln mit immer anderer Besetzung die Teilnehmer Puzzelstücke von Politik produzieren – die aber nicht zusammenpassen. (Nikolaus Blome in „Die Welt“ vom 9. Dezember 1997)

„Puzzelstücke, die nicht zusammenpassen“: Ist das nicht eine treffende moderne Beschreibung für das Ton-Eisen-Gemisch in Nebukadnezars Traum, das nicht zusammenhält, weil es naturgemäß nicht zusammenhalten kann?

Wie groß ist der Wille zur Einheit überhaupt?

Sehr plastisch hat der konservative Politiker John Redwood von der britischen Opposition diese Frage beantwortet: Die Einheitswährung sei dasselbe wie ein gemeinsames Bankkonto mit Nachbarn. Er selbst habe nicht einmal ein gemeinsames Konto mit seiner Frau!

Nun mag jemand einwenden: Das ist ein Engländer! Aber Franzosen und Deutsche verstehen sich doch viel besser, oder?

Hier ein Beispiel für deutsch-französische „Einigkeit“:

In Ulan Bator, der Hauptstadt der Mongolei, gibt es eine deutsche Botschaft und eine französische Botschaft. Die Außenminister Frankreichs und Deutschlands erwogen 1995, ihre Botschaften zusammenzulegen. Sie verfolgen in dem zentralasiatischen Steppenland keine unterschiedlichen Interessen. Genauer gesagt: Sie verfolgen dort überhaupt keine Interessen. Also bietet es sich an, dort einen Anfang zu machen und mit einer Stimme zu sprechen. Die EU soll dies ja ohnehin möglichst bald tun.

Das war vor gut zwei Jahren. Die beiden Botschaften in Ulan Bator wurden immer noch nicht zusammengelegt. Inzwischen ist davon auch nicht mehr die Rede. Die Außenminister der EU können nicht einmal an den entferntesten Punkten der Welt mit einer Stimme sprechen. Aber zu Hause fordern sie kategorisch eine gemeinschaftliche Währung. Wie paßt das zusammen? Nach Meinung des amerikanischen Wirtschaftswissenschaftlers Milton Friedman paßt es nicht zusammen. Politische Einheit, so lehrt er, könne den Weg für eine Währungsunion bereiten, aber eine Währungsunion bereite nicht den Weg für die politische Einheit. Im Gegenteil, sie vereitele sie, denn Geld verursache Streit [...]

Bedarf es einer Währungsunion, um die Botschaften in Ulan Bator zusammenzulegen? (Beilage „Europäische Währungsunion" der „Süddeutschen Zeitung" vom 16. Oktober 1997.)

Es herrscht ja nicht einmal Einigkeit innerhalb der einzelnen europäischen Länder! Hier sei nur an die terroristischen Spannungen im spanischen Baskenland erinnert, wo eine unabhängige Gruppe mittelalterliche Regeln über Besteuerung und Landwirtschaft wiederbeleben will. Oder an die Spannungen zwischen den Vielvölkerstaaten auf dem Balkan, ganz zu schweigen von der ehemaligen Sowjetunion.

Und wie steht es mit der Einheit in Deutschland?

Vor sieben Jahren hat Deutschland seine Einheit wiedergewonnen – und ist heute uneinheitlicher, als man sich dies in der alten Bundesrepublik je hätte vorstellen können. Nicht nur die Kluft zwischen arm und reich ist gewachsen; neue Trennlinien sind dazugekommen: zwischen Altbürgern und Immigranten, zwischen Ost- und Westdeutschen [...]

Kann der deutsche Föderalismus unter den strengen Finanzvorgaben der Währungsunion weiterleben? Wieviel Ungleichheit braucht Deutschland in seinen Grenzen, wieviel hält es aus? [...] Die einfachste Lösung des Problems wäre es, das Bundesgebiet so neu zu ordnen, daß es hinterher keine armen Länder mehr gibt. Aber daß Bremen auf seine Souveränität verzichtet, ist bis auf weiteres ebenso irreal wie die Vorstellung, Sachsen und Thüringen könnten ihre Identität abstreifen, kaum daß sie sie wiedergewonnen haben. (Kommentar „Einig ohne Einheit" von Nikolaus Piper in der „Süddeutschen Zeitung" vom 6. Oktober 1997.)

Obwohl die Voraussetzungen zur Einheit denkbar schlecht sind, und obwohl es fraglich ist, ob die Europäische Währungsunion, der Euro, der beste Weg dahin ist (was viele bezweifeln), wird das „Europäische Haus" wahrscheinlich termingerecht eingeweiht werden.

Welche Mieter wann einziehen, welche davon enttäuscht wieder ausziehen werden – das alles wissen wir natürlich noch nicht. Wie lange das Haus stehen wird, kann auch keiner vorhersagen. Aber ein paar Eckpunkte stehen fest, wenn wir alles berücksichtigen, was Gott Nebukadnezar durch Daniel zeigte (Daniel 2,41-43): *Daß du aber die Füße und Zehen teils von Ton und teils von Eisen gesehen hast, bedeutet: das wird ein zerteiltes Königreich sein.*

- Das heißt: Das „Europäische Haus" macht aus seinen Bewohnern keinen einheitlichen Staat, keine Vereinigten Staaten von Europa, die dann irgendwann einmal die ganze Welt beherrschen. Die Teilung bleibt, und die geplante Vereinigung wird bestenfalls zu einer Pseudo-Einheit führen.

Und daß die Zehen an seinen Füßen teils von Eisen und teils von Ton sind, bedeutet: zum Teil wird's ein starkes und zum Teil ein schwaches Reich sein.

- Das heißt: Trotz Europäischer Währungsunion bleiben die sozialen und ökonomischen Unterschiede bestehen – und somit auch der Zündstoff für Spannungen.

Und daß du gesehen hast Eisen mit Ton vermengt, bedeutet: sie werden sich zwar durch Heiraten miteinander vermischen, aber sie werden doch nicht aneinander festhalten, so wie sich Eisen mit Ton nicht mengen läßt.

- Das heißt: Das „Europäische Haus" wird nicht ewig bestehen, weil seine Bewohner die alten bleiben.

Wichtiger als eine neue Währung: neue Menschen!

Das „Europäische Haus" hätte größere Chancen, wenn dort neue Menschen einziehen würden. Aber leider ziehen die alten ein.

Es kann nicht zur ersehnten und dauerhaften Einheit kommen:

- Die Mauern aus Beton zwischen den Ländern fallen, aber die Mauern in den Herzen der Menschen bleiben!
- Die Zollkontrollen werden per Rahmenabkommen abgeschafft, aber die Kriminalität kann man nicht per Gesetz abschaffen, sie kann sich sogar ohne die Ländergrenzen möglicherweise noch leichter ausbreiten.
- Die nationalen Banknoten werden gegen den gemeinsamen Euro ausgetauscht, aber es gibt keine Bank, in der man Vorurteile und Ängste gegen Liebe und Vertrauen eintauschen könnte.
- Die Währungen werden am Stichtag X durch einen einfachen Tastendruck am Computer umgestellt, aber Gier, Habsucht, Profitdenken, Ausbeutung und Bestechlichkeit lassen sich einfach nicht per Knopfdruck abstellen!

Ein gemeinsames, stabiles Haus für alle Menschen, nicht nur für Europäer, zu bauen, das schafft nur einer:

Aber zur Zeit dieser Könige wird der Gott des Himmels ein Reich aufrichten, das nimmermehr zerstört wird; und sein Reich wird auf kein anderes Volk kommen. Es wird alle diese Königreiche zermalmen und zerstören; aber es selbst wird ewig bleiben. (Daniel 2,44)

Bei seinem zweiten Kommen wird Jesus Christus die Welt dauerhaft erneuern (mehr dazu im nächsten Kapitel).

Die Garantie für diese dauerhafte Erneuerung werden erneuerte Menschen sein. Die Erneuerung des Menschen hat aber bereits begonnen – damals, als Jesus zum ersten Mal auf diese Erde kam!

Diese Erneuerung des Menschen ist aber nicht nur die pauschale Chance für die ganze Welt, sondern die ganz persönliche Chance für Sie und mich:

- Da, wo sich Menschen von Gott erneuern lassen, finden Ehepartner, die sich vorher nur gestritten und angeschrien haben, wieder zu einer liebevollen Beziehung.
- Wer sich von Gott erneuern läßt, wird nicht fehlerlos, aber fähig, zu seinen Fehlern zu stehen, sich dafür zu entschuldigen, zu verzeihen und daraus zu lernen.
- Wenn sich junge und alte Menschen von Gott erneuern lassen, dann fallen Vorurteile und Sprachlosigkeit, Generationen finden zueinander, freuen sich übereinander und profitieren voneinander.

Keine Frage des Alters

Für diese Veränderung des Menschen sind weder das Geschlecht noch das Alter von Bedeutung, wie die nächtliche Begegnung zwischen Jesus und einem angesehenen Mann zeigt:

Es war aber ein Mensch unter den Pharisäern mit Namen Nikodemus, einer von den Oberen der Juden. Der kam zu Jesus bei Nacht und sprach zu ihm:

Meister, wir wissen, du bist ein Lehrer, von Gott gekommen; denn niemand kann die Zeichen tun, die du tust, es sei denn Gott mit ihm. Jesus antwortete und sprach zu ihm: Wahrlich, wahrlich, ich sage dir: Es sei denn, daß jemand von neuem geboren werde, so kann er das Reich Gottes nicht sehen. (Johannes 3,1-3)

Jesus läßt sich nicht auf theologische Diskussionen ein, weil er weiß, wo seinen Gesprächspartner der Schuh wirklich drückt. Bei Gott brauchen wir nicht vom Thema abzulenken oder Umwege zu gehen. Wir dürfen direkt zum Punkt kommen.

Und Jesus kommt direkt zum Punkt: Nur erneuerte Menschen haben Zutritt zu Gottes neuer Welt. „Neugeburt" nennt das Jesus. Darauf antwortet Nikodemus: *Wie kann ein Mensch geboren werden, wenn er alt ist? Kann er denn wieder in seiner Mutter Leib gehen und geboren werden?* (Johannes 3,4)

Eine verständliche Frage. Kann ich denn tatsächlich wieder ein neuer Mensch werden,

- ... wenn ich 20, 40 oder 50 Jahre lang durch Elternhaus, Schule, Umgebung, Land und Leute geprägt worden bin?
- ... nachdem ich so viele Fehler gemacht habe, die meinen Charakter prägen?
- ... ich, der ich vom Temperament her langsam (oder nicht zu bremsen) bin und zur Depression (oder zur Explosion) neige?
- ... nach so vielen negativen Erfahrungen, die ich mit mir selbst und mit Menschen gemacht habe, die ich für meine Freunde hielt?
- ... obwohl so vieles dagegen spricht, daß ich umdenken und wie ein Kind vertrauen lernen kann?

Die Frage des Nikodemus ist so berechtigt wie unsere Fragen – weil zu vieles dagegen spricht, als daß ein neuer Anfang im Leben eines reifen Menschen gelingen könnte.

Jesus antwortete: Wahrlich, wahrlich, ich sage dir: Es sei denn, daß jemand geboren werde aus Wasser und Geist, so kann er nicht in das Reich Gottes kommen. Was vom Fleisch geboren ist, das ist Fleisch; und was vom Geist geboren ist, das ist Geist.

Wundere dich nicht, daß ich dir gesagt habe: Ihr müßt von neuem geboren werden. Der Wind bläst, wo er will, und du hörst sein Sausen wohl; aber du weißt nicht, woher er kommt und wohin er fährt. So ist es bei jedem, der aus dem Geist geboren ist. (Johannes 3,5-8)

Du hast recht, Nikodemus. Menschlich gesehen ist das nicht möglich, denn „was vom Fleisch geboren ist, das ist Fleisch“. Von einer Schildkröte kann man niemals erwarten, daß sie einen Elefanten zur Welt bringt. So kann auch ein Sünder immer nur einen Sünder zeugen, niemals einen Heiligen. Aber Gottes Geist kann das!

Nikodemus antwortete und sprach zu ihm: Wie kann dies geschehen? Jesus antwortete und sprach zu ihm: Bist du Israels Lehrer und weißt das nicht? ... Und wie Mose in der Wüste die Schlange erhöht hat, so muß der Menschensohn erhöht werden, damit alle, die an ihn glauben, das ewige Leben haben. (Johannes 3,9.10.14.15)

Wie soll das praktisch gehen, fragt Nikodemus. Und Jesus antwortet mit einem Vergleich aus der Geschichte des Volkes Israel: Als die Israeliten während der Wüstenwanderung von giftigen Schlangen gebissen wurden und die ersten daran starben, fertigte Mose im Auftrag Gottes eine Schlange aus Bronze an. Sie wurde an einem Pfahl aufgerichtet, und jeder, der sie ansah, blieb am Leben.

Drei Jahre nach diesem nächtlichen Gespräch würde er selber an einem Kreuz hängen, damit jeder, der ihn ansah und ihm vertraute, geistlich-seelische Heilung fand und am Leben blieb.

„Das ist zu einfach!" haben damals viele in der Wüste gedacht. Und sie haben sich geweigert, zur bronzenen Schlange aufzuschauen. Es war unter ihrer Würde. Lieber sind sie am Schlangengift gestorben und in der Wüste liegengeblieben. Genau so denken viele auch heute: So einfach soll das sein? Nur auf den gekreuzigten Jesus Christus schauen und ihm vertrauen – das soll mein Leben verändern, mich erneuern? Das ist mir zu billig!

Sie gehen lieber zum Astrologen, legen sich auf die Couch des Psychiaters, besuchen teure Persönlichkeitsseminare, fliegen zu einem tibetischen Kloster oder laufen von einer Disko in die andere ... Und sterben am Ende in der Wüste der Sinnlosigkeit – zu stolz, um Jesus Christus die Chance zur Veränderung ihres Lebens zu geben.

◆

Ich weiß nicht, was sich durch den Euro in unserem Land und in unserem Leben ändern wird, aber eines weiß ich: Wichtiger noch als die Geld- und Europafrage ist die Ewigkeitsfrage. Wo werde ich die Ewigkeit verbringen? Ich will sie in der Nähe desjenigen verbringen, der mich über alles liebt: Gott!

Denn also hat Gott die Welt geliebt, daß er seinen eingeborenen Sohn gab, damit alle, die an ihn glauben, nicht verloren werden, sondern das ewige Leben haben. (Johannes 3,16)

Weil er so viel Liebe in mich investiert hat, möchte ich diese Liebe erwidern. Und Sie?

Buchempfehlung

„START IN DIE ZUKUNFT – Alte Prophezeiungen neu entdecken" heißt ein kürzlich erschienener Fernkurs des Internationalen BibelStudien-Instituts in Darmstadt. In sehr anschaulicher und leicht verständlicher Form werden alt- und neutestamentliche prophetische Ankündigungen aus dem Buch Daniel (Kap. 2, 7, 8 und 9), dem Matthäus-Evangelium und der Offenbarung erklärt.

Der Kurs besteht aus zehn Studienheften und ist kostenlos. Weitere Informationen beim *Internationalen BibelStudien-Institut der STIMME DER HOFFNUNG, Am Elfengrund 66, D-64297 Darmstadt bzw. Postfach 91 22, CH-8050 Zürich oder Postfach 66, A-1094 Wien.*

Für Leser mit biblischem Grundwissen, die sich intensiver mit dem Buch Daniel befassen möchten, ist folgendes Werk sehr empfehlenswert:

William H. Shea, „Das Buch Daniel" (Bd. 1: Kap. 1-7, Bd. 2: Kap. 7-12), Advent-Verlag Lüneburg.

Diese zwei Bände, von einem promovierten Theologen, Mediziner und Orientalisten geschrieben, wollen den Bibeltext verständlich darstellen und kommentieren. Über theologisch fundierte Erklärungen zum jeweiligen Textabschnitt hinaus sollen sie zur persönlichen Andacht und zum Gebet anregen. Außerdem wollen sie helfen, Gottes Wort kreativ im täglichen Leben anzuwenden.

8. Kapitel

Hilfe ist unterwegs

Der große Lauschangriff aufs All begann im Frühjahr 1960. Mit riesigen Radioteleskopen forschen Astronomen seit damals nach Signalen außerirdischer Zivilisationen – bisher allerdings mit wenig Erfolg.

Diese Experimente inspirierten Autoren zu Büchern und Filmen über die Suche nach Außerirdischen. Aktuelles Beispiel dafür ist unter anderen der Science-Fiction-Film „contact", der Ende 1997 in Deutschland zu sehen war:

Die Astronomin Dr. Ellie Arroway (Jodie Foster) horcht unermüdlich ins Weltall, forscht mit riesigen Radio-Teleskopen nach Signalen intelligenten Lebens, bis sie eines Tages tatsächlich Antwort erhält. Codierte Signale vermitteln den Bauplan für eine gigantische Maschine, die Menschen zum Absender transportieren kann.

Die Wissenschaftlerin setzt sich bei den entsprechenden Geldgebern und Kommissionen durch und reist schließlich ins Weltall – zu einem Kontakt der besonderen Art.

Dieser 70 bis 90 Millionen Dollar teure Esoteriktrip beruht auf dem Bestseller des Astronomen Carl Sagan, der in seinem Buch auf drei Fragen einzugehen versucht:

1. Gibt es anderes Leben im All?
2. Wie sollten wir diesem Leben begegnen?
3. Was würde es uns über Gott und den Sinn des Lebens sagen?

Die Zeitung DIE WELT vom 8. Oktober 1997 kommentiert den Film bzw. diese drei Fragen Carl Sagans und die Antworten, die er darauf gibt, folgendermaßen:

„Mit Sicherheit" lautete seine erste Antwort [auf die Frage: Gibt es anderes Leben im All?], „behutsam" die zweite [auf die Frage: Wie sollten wir diesem Leben begegnen?]. Die dritte [auf die Frage: Was würde es uns über Gott und den Sinn des Lebens sagen?] ist so philosophisch wie banal – daher die Enttäuschung vieler über das Filmende – und doch die beste, die sich momentan geben läßt: Nichts, worauf wir nicht auch selbst kommen könnten.

Hollywood hat es gewagt, 70 Millionen Dollar in einen Film zu stecken, der sich so ernsthaft, wie für ein Massenprodukt in Amerika heutzutage überhaupt möglich, mit der Frage beschäftigt, was unsere Welt im Innersten zusammenhält.

Am Schluß der Filmkritik heißt es:

Sowenig diese Welt sich auf Hilfe aus dem All verlassen sollte, sowenig Lebenshilfe liefert die Antwort auf die Frage, ob die Foster nun lesbisch ist oder nicht. Jeder muß seine Probleme für sich lösen – unser Planet, Jodie, Ellie und wir.

Der Film mag für viele Zuschauer interessant gewesen sein – eine zufriedenstellende Antwort auf die Fragen, die viele Menschen bewegen, gibt er allerdings nicht:

- Sind wir ganz allein im Universum?
- Gibt es einen Gott, der sich für uns interessiert?
- Können wir irgendeine Hilfe bei der Lösung unserer persönlichen Probleme und der Probleme dieser Welt erwarten?

Das sind, konzentriert formuliert, die Fragen, über die wir in diesem Buch aus verschiedenen Blickwinkeln nachgedacht haben. In diesem letzten Kapitel habe ich nun aber eine bessere Antwort für Sie, als der Film „contact" sie geben konnte: Wir müssen unsere Probleme nicht allein lösen, wir können mit Hilfe aus dem

All rechnen – von einem liebenden, menschenfreundlichen und opferbereiten Gott. Und diese Hilfe ist bereits „unterwegs"!

Der Kommentator meint, dieser Film beschäftige sich – soweit es für ein amerikanisches Massenprodukt eben möglich ist – mit dem, „was unsere Welt im Innersten zusammenhält". Was ist denn das?

Für mich läßt sich das, was unsere Welt im Innersten zusammenhält, mit einem Wort zusammenfassen: Hoffnung!

Hoffnung hat viele Gesichter

Sehr viele unserer Mitmenschen hoffen auf die Erfüllung ihrer Träume in der Liebe, andere auf die Selbstverwirklichung im Leben ihrer Kinder. Wieder andere setzen ihre Hoffnung auf den beruflichen Erfolg, hoffen auf das große Glück in finanzieller Hinsicht, oder hoffen auf Gott – wie sie ihn verstehen – und erwarten von ihm auch politische Befreiung, Sicherheit, den Sieg über ihre Feinde. Und schließlich gibt es nicht wenige, die auf den Sieg der Medizin über Krankheit und Tod hoffen.

Im 6. Kapitel dieses Buches war schon einmal die Rede von den sogenannten Kryonisten, die, in riesigen Metallkanistern tiefgefroren bei minus 196 Grad, darauf hoffen, eines Tages wieder aufgetaut zu werden, wenn die Wissenschaft Krankheit und Tod besiegt haben wird.

Einen Einblick in die Hoffnungen dieser Menschen vermittelt das Interview mit Klaus Reinhard, 37, der eines Tages seinen Kopf einfrieren lassen wird (aus „Focus", 6/1995):

Reinhard: Schon heute können Menschen aufgrund der modernen Medizin überleben und sich fortpflanzen, die in der freien Natur gar nicht lebensfähig sind.

FOCUS: Zum Beispiel Diabetiker wie Sie?

Reinhard: Richtig. Auch ich lebe ja nur noch aufgrund des technischen Fortschritts.

FOCUS: Wird das in einer zukünftigen Welt der Unsterblichen anders sein?

Reinhard: Allerdings. Fast alles, was wir uns heute wünschen, wird verwirklicht sein. Es werden nicht nur alle gesundheitlichen Probleme beseitigt sein – es werden uns auch nahezu unbegrenzte Mittel zur Verfügung stehen aufgrund der Nutzung der Rohstoffe und Energiereserven des Weltalls.

FOCUS: Wenn der Tod abgeschafft ist, wird uns aber die Überbevölkerung Kummer bereiten ...

Reinhard: Keineswegs. Es steht ja unbegrenzt viel Platz im Weltraum zur Verfügung. Der technische Fortschritt kann dort neuen Lebensraum schaffen.

Wenn das keine Hoffnung ist!

Auch ich hoffe auf das, was Herr Reinhard hier im Interview erwähnt: auf die Überwindung aller Krankheiten, auf Unsterblichkeit, die Nutzung der Energiereserven des Weltalls usw. – mit einem Unterschied: Er traut das alles dem Fortschritt der Technik zu, also den Menschen, ich aber nicht!

Der Schluß des Interviews ist allerdings beachtenswert:

FOCUS: Weshalb sind Kryonisten eine solch winzige Minderheit?

Reinhard: Kryonismus widerspricht all unseren Traditionen. Es gehört daher ein gewisser Mut dazu, das zu machen. Kryonik ist eine Chance, bei der überhaupt nichts zu verlieren ist. Schlimmstenfalls bleibt man eben tot.

„Schlimmstenfalls bleibt man eben tot." Ich war fassungslos, als ich das las. Die Hoffnung, auf die sich Herr Reinhard verläßt, und für die er 35.000 Dollar spart, scheint ziemlich schwach zu sein. Nicht nur daß es dabei um viel Geld geht – eine solch schwache Hoffnung würde mir persönlich niemals genügen. Ihnen etwa?

Worauf setze ich meine Hoffnung?

Sie haben es sicher längst erkannt: Ich setze auf Jesus Christus!

Er allein ist für mich die Stimme aus dem All, die mich ermutigt und leitet. Er ist schon heute mein Freund, Ratgeber und Begleiter – per „Funkkontakt". Ich brauche dafür keine riesige Antenne, sondern kann in Gedanken mit ihm Verbindung aufnehmen, um ihm – mit oder ohne Worte – meine Sorgen und Freuden mitzuteilen. Die Bibel nennt das „Beten".

Bald aber werde ich die Freude haben, ihn zu sehen, wie er ist, mich mit ihm persönlich zu unterhalten und vieles mehr zu tun, von dem ich bisher nur träumen kann, denn er ist im Begriff, zum zweiten Mal auf diese Erde zu kommen.

Das erste Mal kam er als hilfloses Baby vor ca. zweitausend Jahren in einem kleinen Dorf Palästinas, Bethlehem, auf diese Welt. Nur wenige erkannten ihn damals als den, der er war, nämlich Gott in Menschengestalt. Die es aber taten, erlebten die Wende ihres Lebens. Jesus schenkte ihnen einen neuen Anfang in Frieden und Harmonie mit Gott, mit sich selbst und mit ihren Mitmenschen.

Er war gerade Anfang dreißig, als er in Jerusalem starb, an ein Kreuz genagelt, weil nur so die zerstörerische Kettenreaktion der Sünde gestoppt werden konnte. Aber er blieb nicht tot: Nach drei Tagen kam er aus dem Grab ins Leben zurück, weil ihn sein Vater auferweckte, so wie Jesus einige Wochen zuvor selbst seinen Freund Lazarus auferweckt hatte.

Und als er nach 40 Tagen zu seinem Vater in den Himmel zurückkehrte, versprach er, wiederzukommen.

Beim zweiten Mal wird er allerdings nicht als hilfloses Baby, sondern als König und Richter der Welt erscheinen: *Wenn der Menschensohn [Christus] in seiner ganzen Herrlichkeit, begleitet von allen Engeln, wiederkommt, dann wird er auf dem Thron Gottes sitzen. Alle Völker werden vor ihm erscheinen, und er wird die Menschen in zwei Gruppen teilen, so wie ein Hirte die Schafe von den Böcken trennt. Rechts werden die Schafe und links die Böcke stehen.* (Matthäus 25,31-33 Hfa)

Jesus kam vor 2000 Jahren als Befreier und Erlöser, um den *einzelnen Menschen* zu erneuern. Als solcher begegnet er heute noch jedem, der sich finden läßt. Am Ende der Zeit aber wird er als König und Richter erscheinen, um *die ganze Welt* zu erneuern (richten bedeutet in der biblischen Sprache scheiden, daher das Bild vom Hirten, der die Schafe von den Böcken trennt).

Er muß als König und Richter erscheinen:

- Wie sonst sollte er der Ungerechtigkeit auf Erden ein Ende bereiten?
- Wie sonst sollte er jene zur Rechenschaft ziehen, die heute aus Macht- oder Profitgier die Schöpfung zerstören und Menschen ausbeuten?
- Wie sonst sollte er den auf der Erde Regierenden das Zepter aus der Hand nehmen?
- Wie sonst sollte er die Machenschaften derer entlarven, die Menschen durch Philosophien, Irrlehren oder falsche Versprechungen verführen und ausbeuten?

Sein erstes Kommen leitete eine *sanfte Veränderung* ein: die Veränderung einzelner Menschen, die dann Kreise zog. Sein zweites Kommen bewirkt eine *radikale Veränderung*: Die Geschichte der Menschheit auf Erden, geprägt von der Gewalt Satans und den Folgen der Sünde, geht zu Ende – nicht durch eine Atombombe, nicht durch einen dritten Weltkrieg, auch nicht durch eine globale Naturkatastrophe, sondern durch das Eingreifen Gottes.

Was bzw. wer kommt auf uns zu?

Im 7. Kapitel dieses Buches haben wir uns im Zeitraffer mit den Weltreichen aus dem Traum des Nebukadnezar befaßt, dargestellt durch den Kopf, die Brust, die Lenden, die Beine und die Füße einer großen Statue.

Im Zusammenhang mit der letzten Etappe dieser geschichtlichen Abfolge geschah dann plötzlich etwas, was Daniel anschließend folgendermaßen deutete:

Das sahst du, bis ein Stein herunterkam, ohne Zutun von Menschenhänden; der traf das Bild an seinen Füßen, die von Eisen und Ton waren, und zermalmte sie. Da wurden miteinander zermalmt Eisen, Ton, Kupfer, Silber und Gold und wurden wie Spreu auf der Sommertenne, und der Wind verwehte sie, daß man sie nirgends mehr finden konnte. Der Stein aber, der das Bild zerschlug, wurde zu einem großen Berg, so daß er die ganze Welt füllte ...

Aber zur Zeit dieser Könige wird der Gott des Himmels ein Reich aufrichten, das nimmermehr zerstört wird; und sein Reich wird auf kein anderes Volk kommen. Es wird alle diese Königreiche zermalmen und zerstören; aber es selbst wird ewig bleiben. (Daniel 2,34.35.44)

Der Stein im Traum des Nebukadnezar „zermalmte" das gesamte Standbild. Hört sich das nicht sehr negativ an? Ist das nicht Schwarzmalerei? Nun, der Stein zermalmt nicht die Menschen, sondern die politischen Mächte, die Kartenhäuser, die wir uns erbaut und von denen wir das Heil erwartet haben.

Diese Aussage mag vielen von uns zu pessimistisch erscheinen. Doch damit soll keineswegs eine Untergangsstimmung propagiert werden, denn das Ende der Welt ist wie eine Münze mit zwei Seiten: Die uns zugewandte Seite ist der Untergang der Reiche dieser Welt, die noch unsichtbare Rückseite steht für das Kommen des Reiches Gottes.

Ende und Neuanfang gehören also unbedingt zusammen.

Wer auf Jesus Christus hofft, erwartet nicht das Ende, sondern die Vollendung der Welt. Denn die Herrschaft Gottes hat bereits begonnen: in den Herzen der Menschen, die sich ihm anvertrauen (die bereits erwähnte „sanfte Revolution"). Diese Herrschaft findet ihre Vollendung – für alle Menschen sichtbar und für die ganze Welt wirksam – mit dem zweiten Kommen Jesu und den Ereignissen, die darauf folgen werden.

Eines dieser Ereignisse wird zum Beispiel sein, daß wir den Planeten Erde verlassen, um eine Zeitlang im „Himmel" zu sein, bevor wir dann auf die erneuerte Erde zurückkehren. Doch im Gegensatz zu dem Film „contact" sendet uns Jesus nicht eine verschlüsselte Bauanleitung für ein Weltraumfahrzeug, mit dem wir dann dorthin reisen, wo er bereits ist. Er kommt vielmehr persönlich, um uns abzuholen:

„Seid ohne Sorge, und habt keine Angst!" forderte Jesus seine Jünger auf. „Vertraut Gott, und vertraut mir! Denn im Hause meines Vaters gibt es viele Wohnungen. Wenn es nicht so wäre, hätte ich euch nicht gesagt: Ich gehe hin, um dort alles für euch vorzubereiten. Und wenn alles bereit ist, werde ich wiederkommen und euch zu mir holen. Dann werdet auch ihr dort sein, wo ich bin." (Johannes 14,1-3 Hfa)

In einem Interview soll Jodie Foster gesagt haben: „Ich hätte eine solche Reise zu einem ungewissen Ziel im Universum, wie Ellie sie antritt, nie unternommen." Ich wahrscheinlich auch nicht. Ich hätte nicht einmal den Mut, die Astronauten auf der MIR zu besuchen, da mein Vertrauen zur Weltraumfahrt im allgemeinen und zur MIR im besonderen nicht sehr groß ist. Aber ich habe keine Probleme, mich Jesus anzuvertrauen für die Reise zu dem Platz, wo er jetzt ist. Denn der, der den Sturm auf dem See mit einem einzigen Wort stillen konnte, ist der Herr der Elemente – ganz gleich, ob zu Lande, zu Wasser oder in der Luft.

Ich freue mich auf diese Reise mit Jesus, aber am meisten freue ich mich darauf, ihn persönlich näher kennenzulernen. Die Hoffnung der Christen konzentriert sich ja nicht auf ein Programm, nicht einmal in erster Linie auf eine erneuerte Welt, sondern auf eine Person: Jesus Christus. Durch ihn wird alles andere schön, sinnvoll und wichtig.

Aber natürlich freue ich mich darauf, daß er die Welt erneuert!

Was wird in der von Gott erneuerten Welt anders sein?

Hier eine „Kostprobe" aus dem letzten Buch der Bibel, der Offenbarung (21,3-5):

Und ich hörte eine große Stimme von dem Thron her, die sprach: Siehe da, die Hütte Gottes bei den Menschen! Und er wird bei ihnen wohnen, und sie werden sein Volk sein, und er selbst, Gott mit ihnen, wird ihr Gott sein; und Gott wird abwischen alle Tränen von ihren Augen, und der Tod wird nicht mehr sein, noch Leid noch Geschrei noch Schmerz wird mehr sein; denn das Erste ist vergangen. Und der auf dem Thron saß, sprach: Siehe, ich mache alles neu!

Die Trennung von Gott ist aufgehoben, darum verschwinden auch alle ihre Folgen wie Leid, Schmerz und Tod. Schlagzeilen wie „Der Krebs ist unbesiegbar" wird es nicht mehr geben. Dafür wird es heißen: „Der Krebs ist besiegt!" – um nur ein Beispiel zu nennen.

Können Sie sich vorstellen, was es bedeutet, daß es keinen Tod mehr geben wird? Der Mensch sehnt sich danach, unsterblich zu sein. Im November 1997 befaßte sich die Zeitschrift „Bild der Wissenschaft" speziell mit dem Thema Leben – Tod – Unsterblichkeit.

„Unsterblichkeit ist machbar" war einer der Beiträge überschrieben. Darin wurde von der sogenannten „Telomer-Uhr" berichtet, die in unseren Zellen tickt, und davon, wie diese Uhr zum Stehen gebracht werden kann, so daß Zellen gentechnisch unsterblich werden. Ein Professor der Medizin an der Michigan State University prophezeite mutig: „Wir werden in 20 Jahren das Altern verhindern können und sogar eine Verjüngung erreichen."

Das Altern völlig verhindern kann nur derjenige, der selbst nicht alt wird, weil er ewig lebt, der uns erschaffen hat und uns darum von innen und außen her erneuern kann.

Ich freue mich schon darauf, von ihm einen neuen Körper zu bekommen, der nicht mehr altert. Aber noch mehr freue ich mich für alle alten und gebrechlichen Menschen und für alle, die im Rollstuhl sitzen, blind oder taub sind, und dann von ihren Gebrechen befreit werden.

Nur der Eine kann den Tod restlos beseitigen, der selbst den Tod überwunden hat: derjenige, der Lazarus vier Tage nach seinem Tod ins Leben zurückrufen konnte.

Ich freue mich darauf, die Menschen wiederzusehen, die uns der Tod genommen hat und die im Vertrauen auf Jesus Christus eingeschlafen oder tödlich verunglückt sind – wie mein Vater. („Deine Frau und deine Kinder freuen sich auf das Wiedersehen am Auferstehungsmorgen" ließen wir auf seiner Grabplatte neben den Worten aus Johannes 11,25 eingravieren.)

Im ersten Kapitel dieses Buches stellte ich fest: Das Problem des Menschen sitzt tief und heißt SÜNDE. Weil Gott bei der Erneuerung der Welt gründlich vorgeht, packt er das Übel bei der Wurzel, das heißt: Er beseitigt die Sünde. Wenn es aber keine Sünde mehr gibt, dann gibt es auch alle Folgen der Sünde nicht mehr, wie Krankheit, Schmerzen und Tod. Und nicht nur das:

- Es gibt auch keine Umweltverschmutzung mehr. Gott wird nicht nur die Gewässer, den Boden und die Atmosphäre erneuern, die wir vergiftet haben, sondern auch den Weltraum von Marssonden, Fernseh-Satelliten und all dem Schrott befreien, der heute noch über unseren Köpfen umherschwirrt.
- Es gibt keinen Hunger mehr, und darum auch keine Schlagzeile mehr wie „Jeden Tag sterben 110.000 Menschen an Unterernährung." Das Leid der schwächsten Glieder unserer Gesellschaft, der Kinder, findet ein Ende.
- Es gibt keinen Neid, keine Eifersucht, keinen Streit und darum auch keinen Krieg mehr.
- Es gibt keine Polizei, keine Kriminalität, keine Gefängnisse mehr.
- Es gibt keine Ungerechtigkeit mehr – weder in der Schule noch am Arbeitsplatz. Die Arbeit ist gerecht verteilt, es gibt weder Arbeitslosigkeit noch Herzinfarkte aufgrund von Überarbeitung. Es gibt auch keine ungerechte Bezahlung und keine grundlosen Kündigungen mehr. Die Arbeit wird zum Hobby, da sie nicht mehr zum Lebensunterhalt nötig ist.
- Es herrscht nicht nur Harmonie unter den Menschen, sondern auch ein friedliches, angstfreies Zusammenleben in und mit der Tierwelt: *Da werden die Wölfe bei den Lämmern wohnen und die Panther bei den Böcken lagern. Ein kleiner Knabe wird Kälber und junge Löwen und Mastvieh miteinander treiben. Kühe und Bären werden zusammen weiden, daß ihre Jungen beieinander liegen, und Löwen werden Stroh fressen wie die Rinder.* (Jesaja 11,6.7)

Utopie oder Realität?

Das alles klingt wie ein Märchen, nicht wahr? Woher können wir wissen, daß es keines ist? Gibt es so etwas wie eine „Garantie“ dafür, daß dies alles wahr und nicht erfunden ist?

Eine „Garantie“ im allgemein-gebräuchlichen Sinne des Wortes gibt es nicht. Andernfalls brauchten wir ja nicht zu glauben. Ließe sich alles wissenschaftlich beweisen, wäre jeder Mensch verstandesgemäß gezwungen, vor Gott zu „kapitulieren“ und sich ihm unterzuordnen. Dann müßten alle Menschen nach der Wiederkunft Jesu mit Gott zusammenleben, ob sie wollten oder nicht, denn die Beweise für seine Existenz wären nicht zu widerlegen. Ich denke, das würde eine furchtbare Ewigkeit!

Aber wie schon im zweiten Kapitel ausgeführt, kann man Vertrauen, Liebe und Gehorsam nicht erzwingen, ebensowenig wie man den Glauben und die Hoffnung beweisen kann.

Bleibt uns also keine andere Wahl, als blind zu glauben? Keineswegs, denn da gibt es zum Beispiel die erfüllte Prophetie, d. h. Vorhersagen der Bibel, die bereits in Erfüllung gegangen sind, und zwar haargenau! Nebukadnezars Traum vom Standbild ist nur ein Beispiel dafür, denn es gibt noch Hunderte weiterer Prophezeiungen. Über Jesus Christus wurden viele Details seines irdischen Lebens schon Jahrhunderte vor seiner Geburt vorhergesagt, die haargenau in Erfüllung gegangen sind.

Abgesehen davon hat uns Gott so etwas wie eine „Anzahlung“ gegeben, damit wir nicht blind zu glauben brauchen.

Können Sie sich unter dieser Anzahlung etwas vorstellen? Angenommen ich würde beim Flohmarkt eine Antiquität entdecken, die ich unbedingt haben möchte.

Sie kostet 500 Mark. Nun habe ich nur 50 Mark dabei, und keinen Scheck. Da mache ich eine Anzahlung über 50 Mark, fahre zum Bankautomaten und hole mir den Rest. Mit der Anzahlung zeige ich meine feste Absicht, den betreffenden Gegenstand zu kaufen. Die Anzahlung ist eine Art Garantie für den Verkäufer. Und auch für mich: Ich sichere mir dadurch dieses wertvolle Stück, so daß er nicht auf die Idee kommt, es einem anderen Interessenten für 600 Mark zu verkaufen!

Das Bild hinkt natürlich, denn es wäre ja möglich, daß ich kein Geld vom Automaten bekomme, weil mein Konto überzogen ist, oder daß sich meine Frau erfolgreich gegen die Anschaffung wehrt. Dann müßte ich die 50 Mark in den Wind schreiben. Das kann uns allerdings bei Gott nicht passieren: Er bricht sein Wort nicht, und zahlungsunfähig wird er schon gar nicht!

Und worin besteht nun seine „Anzahlung", die uns garantiert, daß der „Rest" folgen wird?

Es sind die Wunder, die Jesus schon während seines Lebens hier auf Erden getan hat; all das, was Jesus seitdem in Menschen aller Zeiten und überall auf dieser Welt bewirkt hat und auch heute noch bewirkt.

- Wenn Jesus die Tochter eines römischen Offiziers oder den einzigen Sohn einer Witwe oder seinen Freund Lazarus zum Leben erwecken konnte, dann verstehe ich das als eine „Anzahlung", eine Vorwegnahme des Tages, an dem Gott alle, die im Vertrauen auf ihn verstorben sind, aus den Gräbern rufen und so die größte Familienzusammenführung aller Zeiten einleiten wird.
- Wenn Jesus mit fünf Broten und zwei Fischen mehr als fünftausend Personen satt machen konnte, dann ist das für mich eine Vorwegnahme des Tages, an dem Gott den Hunger, die Armut und die Ungerechtigkeit der Welt beseitigen wird.

● Wenn Jesus aus Saulus, dem brutalen Christenverfolger, einen begeisterten Verkündiger der Guten Nachricht der Erlösung machen, und wenn Jesus einen zornigen jungen Mann (Johannes, den Schreiber des gleichnamigen Evangeliums) in seine Schule nehmen, und aus ihm einen gütigen, liebevollen Menschen machen konnte, dann ist das für mich eine Vorwegnahme des Tages, an dem von ihm veränderte Menschen auf einem erneuerten Planeten leben werden – verändert nicht durch Zwang oder Gehirnwäsche, sondern durch Liebe, Vertrauen und Hoffnung.

● Wenn eine von den Nazis furchtbar gequälte Corrie ten Boom, deren nächste Angehörigen ausnahmslos umgebracht wurden, ihrem ehemaligen Aufseher vergeben und sich für seine Begnadigung einsetzen kann, dann ist das für mich eine „Anzahlung" auf eine versöhnte Welt, in der es keine Verfolgung, keine Abschiebung, keine Unversöhnlichkeit, keine Verbitterung mehr geben wird.

● Wenn Menschen wie Mutter Teresa danach trachten, zu dienen statt zu herrschen, oder wenn Menschen wie Pater Kolbe freiwillig in den Tod gehen, damit ein anderer überleben kann, dann ist das für mich eine „Anzahlung" auf den Sieg der Liebe Jesu über den Haß und den Egoismus dieser Welt!

Darum glaube ich fest daran, daß Gott sein Versprechen einlöst: Weil es zeichenhaft schon seit dem ersten Kommen Jesu auf der ganzen Welt in Erfüllung geht.

Wann ist es soweit?

Der „Positionszeiger" an der Traumstatue des Nebukadnezar zeigt, an welcher Stelle des Ablaufs der Geschichte wir uns heute befinden: am Ende, in der Zeit der Füße aus Ton und Eisen, die ein Symbol für eine zersplitterte Welt sind.

Jesus hat deutlich gesagt: Den genauen Zeitpunkt meiner Rückkehr kennt kein Mensch! (Apostelgeschichte 1,5; Matthäus 25,13) Damit bereitet er jeder menschlichen Spekulation ein Ende. Deshalb brauchen Sie sich auch nicht beunruhigen zu lassen, wenn einige Leute behaupten, der Jahrtausendwechsel oder irgendein anderes Datum sei der angebliche Stichtag.

Andererseits hat er – z. B. in seiner „Endzeit-Rede" in Matthäus 24 – einige typische Merkmale des letzten Abschnitts der Menschheitsgeschichte genannt:

- religiöse Verführung (Verse 4.5),
- Kriege und politische Unruhen (Vers 6),
- Hungerkatastrophen (Vers 7),
- Erdbeben (Vers 7),
- religiöse Intoleranz (Vers 9),
- Abfall vom Glauben (Vers 10),
- falsche Propheten (Vers 11),
- Zunahme der Bosheit (Vers 12),
- Erlöschen der Liebe (Vers 12),
- weltweite Verbreitung des Evangeliums (Vers 14).

Diese Liste könnten wir durch weitere Merkmale ergänzen, die Jesus bei anderen Gelegenheiten erwähnt hat oder die in anderen Teilen der Bibel enthalten sind. Aber schon diese kurze Auswahl läßt uns unschwer erkennen, wie sich diese Merkmale vor unseren Augen erfüllen.

Zwar handelt es sich größtenteils um Dinge, die es schon immer gegeben hat, aber in unseren Tagen treten sie offenbar *gleichzeitig*, *weltweit* und *im verstärkten Ausmaß* in Erscheinung. Das läßt sie zu typischen Merkmalen der letzten Zeit werden.

Weil sich das Wissen um diese Dinge bedrückend auswirken könnte, fügte Jesus hinzu: *Wenn ihr die ersten Anzeichen von alledem bemerkt, dann richtet euch auf und faßt neuen Mut: bald werdet ihr gerettet! ... Seht doch den*

Feigenbaum an oder die anderen Bäume. Wenn die ersten Blätter herauskommen, dann erkennt ihr daran, daß der Sommer bald da ist. So ist es auch, wenn ihr diese Dinge kommen seht. Dann wißt ihr, daß die neue Welt Gottes nahe ist. (Lk 21,28-31 GN)

Die Aussicht, daß Jesus schon unterwegs ist, und mit ihm Gottes neue Welt, bewahrt uns davor, in eine Untergangsstimmung zu verfallen, denn wir nähern uns nicht nur dem Ende, sondern vor allem einem neuen Anfang!

Was tun während der Wartezeit?

Etwas vereinfacht formuliert, gibt es zwei Haltungen während der „Wartezeit", die häufig anzutreffen sind:

- Die Haltung, die im Kommentar zum Film „contact" beschrieben wurde: Uns kann keiner helfen, schon gar nicht ist mit Hilfe aus dem Weltall zu rechnen. Ob persönlich oder global: Wir müssen unsere Probleme selber lösen. Es gibt viel zu tun, packen wir es an!
- Die fatalistische Haltung: Wenn wir schon die Grenzen des Erlaubten überschritten haben, und wenn Gott sowieso alles erneuern muß, dann brauchen wir auch nichts mehr zur Bewahrung der Schöpfung zu unternehmen. Im Gegenteil: Je schneller das Ende kommt, desto besser!

Die einen werden sich verausgaben und immer wieder entmutigt sein, weil die Welt mit menschlichen Mitteln tatsächlich nicht zu retten ist. Die anderen disqualifizieren sich als Christen, falls sie sich als solche ausgeben: Sie mißachten ihren Bewahrungsauftrag gegenüber der Schöpfung, die Gott den Menschen anvertraut hat.

Die Schöpfung zu bewahren (Genesis/1. Mose 2,15) und sich für das Wohl unserer Mitmenschen einzusetzen (Jeremia 29,7), ist auch ein Gebot Gottes, dessen Übertretung er nicht stillschweigend übersehen wird (Offenbarung 11,18). Unabhängig davon, daß das Heil der Welt mit menschlichen Mitteln nicht zu erreichen ist, dürfen und müssen wir uns als Nachfolger Jesu so für die Linderung von Leid und Ungerechtigkeit einsetzen, wie er es uns selbst vorgelebt hat.

Sind also alle menschlichen Bemühungen um Verständigung und Zusammenarbeit vergeblich?

- Sie sind es nicht, wenn sie von der Liebe zum Nächsten getragen, und nicht von verstecktem Profit- und Machtstreben gesteuert werden.
- Sie sind es nicht, wenn Versöhnungsbereitschaft und der Wille zum Frieden nicht nur in Resolutionen, sondern auch im Alltag, in der Familie, in der Schule und am Arbeitsplatz bekundet werden.
- Sie sind es nicht, wenn sie realistisch bleiben und nicht dem Trugschluß verfallen, wir Menschen könnten aus eigener Kraft eine neue, heile Welt schaffen.

Zwei Worte großer Männer fassen diese Gedanken treffend zusammen. Das erste wird Dr. Martin Luther zugeschrieben: *Wenn ich wüßte, daß die Welt morgen untergeht, würde ich heute noch ein Bäumchen pflanzen.*

Das zweite ist das bekannte Gebet des Franz von Assisi:

Herr, mache mich zum Werkzeug deines Friedens,
daß ich Liebe übe, wo man sich haßt,
verzeihe, wo man sich beleidigt,
verbinde, wo Streit ist,
die Wahrheit sage, wo der Irrtum herrscht,
den Glauben bringe, wo der Zweifel drückt,
die Hoffnung wecke, wo Verzweiflung quält,
dein Licht anzünde, wo die Finsternis regiert,
Freude mache, wo der Kummer wohnt ...

Das Beste, was wir tun können, während wir auf die Rückkehr Jesu warten, ist, uns von Gott in dieser Welt als Werkzeuge des Friedens und der Versöhnung gebrauchen zu lassen – als Botschafter der Freiheit, die Gott schenkt und die unbegrenzte Lebensperspektiven für heute und morgen eröffnet.

Buchempfehlung:

Ellen G. White, „Der große Kampf – Kirche, Politik und die Zukunft der Welt", Advent-Verlag Lüneburg.

In geradezu visionärer Schau sah die Autorin (1827-1915) viele Probleme voraus, die uns heute existentiell beschäftigen. Gleichzeitig läßt sie die göttlich-prophetische Dimension der Geschichte deutlich werden und stärkt dadurch das Vertrauen zu dem, der immer noch alle Fäden in der Hand hält und seine Pläne für die Erneuerung der Welt trotz aller religiösen oder politischen Widerstände zur Vollendung bringt. – Dieses Buch wurde bereits in mehr als 40 Sprachen übersetzt und von Millionen mit großem Gewinn gelesen.

Nachwort

Im September 1997 starb im Alter von 82 Jahren Yokoi, „der letzte Soldat des japanischen Kaisers". Als die amerikanischen Streitkräfte im Juli des Jahres 1944 die Pazifikinsel Guam einnahmen, die seit 1941 von den Japanern besetzt war, floh Yokoi in den Dschungel. Das Innere der dichtbewachsenen Insel bot ihm fast 27 Jahre Schutz. Erst 1972 wurde er von zwei Jägern aufgespürt, die ihn ganz zufällig beim Angeln entdeckten.

Vom Kriegsende hatte der Soldat nichts mitbekommen. Wohl hatte er viele Flugblätter und Zeitungsausschnitte gefunden, auf denen von einer japanischen Kapitulation berichtet wurde, doch diese Papierfetzen hielt er für einen Trick der amerikanischen Propaganda. Fast drei Jahrzehnte hauste der Japaner in einem Erdloch, das er selbst gegraben hatte. Er ernährte sich von Ratten, Fröschen und Shrimps. Vitamine sog er aus Papayas und Kokosnüssen.

Yokoi empfand sein Verhalten als Ausdruck der Treue gegenüber dem Kaiser. Ich dagegen empfinde es als tragisch, daß er 27 Jahre in einem Erdloch hauste und von Ratten, Fröschen und Shrimps lebte, weil er den Friedensvertrag nicht für echt, sondern für einen Trick der amerikanischen Propaganda hielt!

Dahinvegetieren oder aus der Fülle schöpfen?

Wie viele Menschen vegetieren dahin, obwohl sie aus der Fülle schöpfen könnten, wenn sie Gottes Friedensangebot nur trauen würden! Und wie viele strengen sich krampfhaft an, um das zu erreichen, was Gott ihnen längst schenken wollte.

In der bereits erwähnten Ausgabe der Zeitschrift „Bild der Wissenschaft" (November 97) zum Thema Leben, Tod und Unsterblichkeit heißt es: *Was zuletzt stirbt, ist die Hoffnung.– An das Paradies glaubt kaum noch einer, aber das Nichts nach dem Ende ist auch nicht vorstellbar. Stets sucht der Mensch das Wissen über seine Vergänglichkeit zu verdrängen. Und er hofft bis zum Schluß. Worauf?*

Sie brauchen weder dahinzuvegetieren, wie jener japanische Soldat auf der Insel Guam, noch müssen Sie Ihr Vertrauen auf die unsichere Hoffnung setzen, daß Mediziner vielleicht eines Tages gentechnisch unsterbliche Zellen schaffen können.

Ich habe Ihnen in diesem kleinen Taschenbuch Jesus und sein Angebot vorgestellt und hoffentlich ein wenig „schmackhaft" machen können. Ich persönlich bin von allem, was ich hier geschrieben habe, fest überzeugt – beweisen kann ich es allerdings nicht. Ich glaube sogar, daß Gott das gar nicht will. Denn dem Beweis müßte sich der Verstand beugen, aber wie wäre es mit dem Herzen? Gott will nicht nur verstandesmäßige Zustimmung – die natürlich auch –, sondern auch eine persönliche Beziehung der Liebe und des Vertrauens – und solch eine Beziehung kann man nicht mit Beweisen erzwingen.

Blind glauben müssen Sie allerdings – wie bereits ausgeführt – auch nicht:

- Die erfüllten Prophezeiungen sprechen für sich,
- ebenso die „Anzahlungen", die Jesus während seines Lebens geleistet hat,
- und die Erfahrungen, die Millionen von Menschen mit Gott gemacht haben, sind ein weiteres Argument – kein Beweis, aber eine Glaubenshilfe!

Was werden Sie mit dem Angebot Jesu anfangen?

Selbst überzeugte Atheisten müßten, wenn sie ehrlich wären, zugeben, daß die Chancen fünfzig zu fünfzig stehen – ganz nüchtern und mathematisch betrachtet. Und ich frage mich: Was gibt es zu verlieren, wenn man das Angebot Jesu daraufhin prüft, ob es vielleicht doch Hand und Fuß hat? Man kann dabei nichts verlieren, nur gewinnen!

Werden Sie die Einladung annehmen, Jesus näher kennenzulernen, um dann eine überlegte, bewußte Entscheidung fällen zu können? Oder haben Sie sich bereits entschieden, das Gelesene zu vergessen, die göttliche Dimension der Geschichte – ohne sie näher geprüft zu haben – abzulehnen und weiterhin innerhalb eines bequemen aber begrenzten Horizontes zu leben, um dann später zu behaupten, Sie hätten alles für einen Trick, für fromme Propaganda gehalten?

Diese Entscheidung kann Ihnen kein Mensch abnehmen. An Jesus kommt keiner von uns vorbei. Da gibt es keinen neutralen Raum, kein Niemandsland. Entweder entscheiden wir uns für oder gegen ihn. Wer sich gegen ihn entscheidet, entscheidet sich damit allerdings gegen das Leben, und zwar gegen das Leben in ewigen, grenzenlosen Dimensionen!

Ich persönlich habe mich vor vielen Jahren dafür entschieden, mich mit allem, was ich bin und habe, was ich kann und wo ich noch versage, mit meiner Vergangenheit und meiner Zukunft, diesem Jesus Christus auszuliefern und ihm die Schlüsselgewalt in meinem Leben zu überlassen.

Bis heute habe ich diese Entscheidung nicht eine Minute bereut. Ich würde es wieder tun, ja, ich bestätige ihm diese Entscheidung jeden Tag, wenn ich im Gebet mit ihm spreche.

Ich kann Ihnen Jesus Christus und sein Friedensangebot nur wärmstens empfehlen. Sagen Sie Ja zu ihm, fangen Sie an, ihn näher kennenzulernen, und Sie werden nicht nur seinen Frieden, sondern auch seine Liebe erleben:

- eine Liebe, die Sie beflügelt,
- eine Liebe, die stärker ist als Leid und Tod,
- eine Liebe, die Ihnen kein Mensch auf Erden nehmen kann,
- eine Liebe, die Sie und Ihre Umwelt verändert.

Am Ende unseres Lebens wird nur eines zählen: ob wir uns mit dieser Liebe Gottes beschenken und durch sie verändern ließen, und ob wir sie großzügig weitergegeben haben.

◆

Was uns bleibt
von unserm Lebenstanz,
ist nicht das Lachen, nicht die Lust,
die Schönheit und der Glanz.
Was uns bleibt
von unserm Lebensfleiß,
ist nicht die Arbeit, nicht der Lohn,
die Mühe und der Schweiß.
Die Liebe bleibt.
Was wir aus Liebe tun, das bleibt bestehn,
auch wenn es still geschieht und ungesehn,
wenn es nur Liebe ist, die uns hier treibt.
Die Liebe bleibt.
Was uns bleibt
in unsrer Lebenszeit,
ist stärker noch als Leid und Tod
und bleibt in Ewigkeit.
Was uns bleibt,
das finden wir bei Gott.
Die Liebe trieb ihn in die Welt
und für uns in den Tod.
Die Liebe bleibt.
Was Gott aus Liebe tat, das bleibt bestehn,
und das kann heute noch bei uns geschehn,
wo seine Liebe uns zur Liebe treibt.
Die Liebe bleibt.

Manfred Siebald